César Lattes

Descobrindo a Estrutura do Universo

FUNDAÇÃO EDITORA DA UNESP

Presidente do Conselho Curador
José Carlos Souza Trindade

Diretor-Presidente
José Castilho Marques Neto

Assessor Editorial
Jézio Hernani Bomfim Gutierre

Conselho Editorial Acadêmico
Antonio Celso Wagner Zanin
Antonio de Pádua Pithon Cyrino
Benedito Antunes
Carlos Erivany Fantinati
Isabel Maria F. R. Loureiro
Lígia M. Vettorato Trevisan
Maria Sueli Parreira de Arruda
Raul Borges Guimarães
Roberto Kraenkel
Rosa Maria Feiteiro Cavalari

Editora Executiva
Christine Röhrig

César Lattes

Entrevistado por Jesus de Paula Assis

Descobrindo a Estrutura do Universo

© 2000 Editora UNESP

Direitos de publicação reservados à:

Fundação Editora da UNESP (FEU)
Praça da Sé, 108
01001-900 – São Paulo-SP
Tel.: (0xx11) 232-7171
Fax: (0xx11) 232-7172
Home page: www.editora.unesp.br
E-mail: feu@editora.unesp.br

Dados Internacionais na Catalogação na Publicação (CIP)
(Câmara Brasileira do Livro, SP, Brasil)

César Lattes. Descobrindo a estrutura do universo / Entrevistado por
  Jesus de Paula Assis – São Paulo: Editora UNESP, 2001.

  Bibliografia
  ISBN 85-7139-314-1

  1. Física – Brasil 2. Física – História 3. Física nuclear 4. Mésons
5. Lattes, César, 1924 – Entrevistas I. Assis, Jesus de Paula.

00-2836   CDD-530.0981

Índice para catálogo sistemático:
1. Brasil: Física: História 530.0981

Editora afiliada:

Asociación de Editoriales Universitarias
de América Latina y el Caribe

Associação Brasileira de
Editoras Universitárias

Sumário

Apresentação 7

Meu trabalho em física de mésons
com emulsões nucleares 9
Cesare Mansueto Giulio Lattes

Entrevista 17

Iconografia 81

Cronologia 91

Bibliografia 93

Apresentação

A produção científica e intelectual brasileira é rica, mas ignorada. Mesmo autores de grande prestígio permanecem como simples nomes, circunstancialmente citados como ícones de determinada área, mas nunca efetivamente conhecidos. Tal situação pede resposta, e um bom começo é mostrar por que lhes é atribuído esse relevo.

É nesse contexto que a Editora UNESP apresenta a *Coleção Perfis Brasileiros*. São livros curtos, nos quais um especialista fala informalmente sobre sua atividade. O meio escolhido foi o da entrevista e o resultado desta é o destaque do volume. Além desse texto, devidamente revisado pelo autor, cada livro traz ainda um pequeno artigo (original ou não) que o entrevistado julgue emblemático de sua trajetória acadêmica ou preocupações sociais. Uma seção iconográfica, uma cronologia e uma bibliografia completam o trabalho editorial.

Além de esboçar biografias intelectuais de formadores da cultura brasileira, os livros, obedecendo ao formato descrito, enfatizam os fatores que viabilizaram e sustentam a carreira desses pesquisadores. Desse modo, os esforços individuais ganham contorno histórico, as instituições se mostram e a sociedade reaparece no quadro formativo da cultura.

Jézio H. B. Gutierre e *Jesus de Paula Assis*
Coordenadores da Coleção

Meu trabalho em física de Mésons com emulsões nucleares[1]

Cesare Mansueto Giulio Lattes

No fim da Segunda Guerra Mundial, eu trabalhava na Universidade de São Paulo, Brasil, com uma câmara de nuvem disparada por mésons lentos, que havia construído em colaboração com Ugo Camerini e André Wataghin. Mandei imagens obtidas com ela para Giuseppe P. S. Occhialini, que havia recentemente saído do Brasil e se reunido a Cecil F. Powell, em Bristol. Logo que recebi de Occhialini positivos de microfotografias de traços de prótons e de partículas alfa obtidos com uma nova emulsão concentrada que acabara de ser produzida pela Ilford Limitada, escrevi-lhe pedindo para trabalhar com as novas chapas que, obviamente, abriam grandes possibilidades. Occhialini e Powell conseguiram uma bolsa da Universidade de Bristol (H. H. Wills). Dei um jeito de chegar a Bristol, no inverno de 1946.

Foi-me dada a tarefa de obter o fator de encolhimento da nova emulsão (que era muito mais concentrada que as antigas). Occhialini e Powell ainda usavam as velhas emulsões, trabalhando no espalhamento nêutron-próton em torno de 10 MeV.

Decidi que o tempo alocado para mim no acelerador Crockroft-Walton, de Cambridge, que fornecia desintegrações artificiais de partículas como testes para o fator de encolhimento, era suficiente para o estudo das reações:

$$D(d,p)H_1^3 \qquad Be_4^9(d,p2n)Be_4^8$$

$$Li_3^6(d,p)Li_3^7 \qquad B_5^{10}(d,p)B_5^{11}$$

$$Li_3^7(d,p)Li_3^8 \qquad B_5^{11}(d,p)B_5^{12}$$

Pela análise dos traços, obtivemos, para prótons, uma relação alcance-energia até 10 MeV, que foi usada por muitos anos em pesquisas nas quais eram detectadas partículas únicas carregadas; por exemplo, píons e múons.[2]

No mesmo experimento, coloquei, na direção do feixe de nêutrons da reação

$$B_5^{11} + H_1^2 \Rightarrow C_6^{12} + n_0$$

(que dá um pico de nêutrons em torno de 13 MeV), chapas carregadas com bórax, que a Ilford preparou a meu pedido. A idéia, que funcionou bem, era obter a energia e o momento dos nêutrons – independentemente de sua direção de chegada (que não era conhecida) – através da reação

$$n_0^1 + B_5^{10} \Rightarrow He_2^4 + He_2^4 + H_1^3$$

Pedi a Occhialini, que havia decidido tirar férias nos Pireneus (Pic-du-Midi e cercanias), que levasse com ele, para uma exposição de cerca de um mês, caixas de emulsões. Algumas estavam carregadas com bórax e outras eram normais (sem bórax). Todas eram feitas com o novo tipo de emulsão concentrada B1, para o qual já estava disponível uma relação alcance-energia. As chapas normais deveriam ser usadas no estudo de raios cósmicos de baixa energia e também como controles, para ver se estávamos detectando nêutrons de raios cósmicos.

Quando Occhialini processou as emulsões, na mesma noite em que chegaram do Pic-du-Midi, ficou claro que as emulsões carregadas com bórax tinham muito mais eventos que as não-carregadas; que o bórax, de algum modo, evitava que a imagem latente desaparecesse (as chapas normais exibiam muito *fading*). A variedade de eventos nas chapas com bórax e a riqueza de detalhes tornaram evidente que a detecção de energia do nêutron era apenas um resultado colateral. Os eventos normais vistos nas chapas justificavam o deslo-

CÉSAR LATTES

camento de toda a força do laboratório para o estudo de eventos normais de raios cósmicos de baixa energia. Depois de alguns dias de varredura, uma jovem – Marietta Kurz – encontrou um evento incomum: um méson que parava e, emergindo de sua extremidade, um novo méson de cerca de 600 μ de alcance, não inteiramente contido na emulsão. Devo dizer que mésons podem facilmente ser distinguidos de prótons, na emulsão que usávamos, em razão de seu espalhamento muito maior e de sua variação de densidade de grãos segundo o alcance. Poucos dias depois, foi encontrado um segundo méson "duplo". Felizmente, nesse caso, o secundário parou na emulsão, ou seja, seu alcance era de também cerca de 600 μ. Os primeiros resultados acerca do méson "duplo" foram publicados em *Nature*.[3] A propósito, os nêutrons de raios cósmicos (direção, energia) foram também obtidos das mesmas chapas e os resultados, publicados no mesmo volume de *Nature*.[4]

Tendo um e meio "mésons duplos" que pareciam corresponder a um processo fundamental (embora pudesse se tratar de uma reação exotérmica do tipo)

$$\mu^- + \mathrm{X}_a^b \Rightarrow \mathrm{X}_a^{b-1} + \mu^+$$

o grupo de Bristol percebeu que era necessário conseguir mais eventos rapidamente. Fui ao Departamento de Geografia da Universidade de Bristol e descobri que havia uma estação meteorológica no Club Andino

Boliviano, a 18,6 mil pés, a cerca de 20 km por estrada da capital da Bolívia, La Paz. Propus então a Powell e a Occhialini que me conseguissem fundos para que eu viajasse para a América do Sul, onde cuidaria de expor chapas carregadas com bórax, por um mês, no monte Chacaltaya. Eles conseguiram e eu deixei Bristol, levando muitas chapas carregadas com bórax, mais um punhado de libras, o suficiente para me levar ao Rio de Janeiro e, dali, de volta a Bristol. Contrariando a recomendação do professor Tyndall, diretor do H. H. Wills Laboratory, tomei um avião brasileiro, o que foi ajuizado, dado que o avião britânico acidentou-se em Dacar, levando à morte todos seus passageiros e tripulantes.

Depois do período combinado, revelei uma chapa em La Paz. A água não era apropriada e a emulsão saiu manchada. Mesmo assim, foi possível encontrar nela um "méson duplo" completo. O alcance do secundário era também de cerca de 600 µ!

De volta ao Rio, em 1947, as chapas foram devidamente processadas e varridas, e cerca de 30 "mésons duplos" achados. Decidiu-se que eu deveria tentar obter a razão das massas dos mésons primário e secundário, por meio de repetidas contagens de grãos nas trilhas. Os resultados nos convenceram de que estávamos tratando com um processo fundamental.[5] Identificamos o méson mais pesado com a partícula de Yukawa e seu secundário com o mésotron de Carl Anderson. Uma partícula neutra de pouca massa era necessária para balancear os momentos.

No fim de 1947, deixei Bristol, com uma Rockefeller Fellowship, com a intenção de tentar detectar píons artificialmente produzidos no cíclotron de 184 polegadas que havia começado a funcionar em Berkeley, Califórnia, em novembro de 1946. O feixe de partículas α era de apenas 380 MeV (95 Mev/núcleon), uma energia insuficiente para produzir píons. Apostei nas colisões "favoráveis", nas quais o momento interno de um núcleon na α mais os núcleons do alvo de carbono e o momento do feixe forneceriam energia suficiente no centro do sistema de momento. Os resultados mostravam que mésons estavam, com efeito, sendo produzidos. Dois artigos descrevem os métodos de detecção e os resultados, o primeiro a respeito dos píons negativos e o segundo, dos positivos.[6] Usando o alcance dos píons e sua curvatura em um campo magnético, foi possível estimar que as massas eram de cerca de 300 massas eletrônicas.

Por volta de fevereiro de 1949, eu me preparava para deixar Berkeley e voltar para o Brasil. Na ocasião, Edwin McMillan, que operava seu elétron-síncrotron de 300 Mev, pediu-me que examinasse algumas chapas que haviam sido expostas a raios γ produzidos em seu equipamento. Em uma noite, encontrei cerca de uma dúzia de píons, tanto positivos como negativos. Na manhã seguinte, entreguei a McMillan as chapas e mapas que permitiram a descoberta dos eventos. Não sei que uso McMillan fez da informação, mas não há dúvida de que foi a primeira detecção de píons artificialmente fotoproduzidos.

NOTAS

[1] Publicado originalmente em *"Proceedings of the Symposium on the History of Particle Physics – The Birth of Particle Physics"*, Fermilab, maio de 1960, e reimpresso em CARUSO, F., MARQUES, A., TROPER, A. (Ed.) *César Lattes, a descoberta do méson π e outras histórias*. CBPF/MCT, 1999. Para essa tradução, o professor Lattes revisou o artigo original.

[2] LATTES, C. M. G., FOWLER, P. H., CUER, P. A study of the nuclear transmutations of light elements by the photographic method. *Proc. Phys. Soc.*, v.59, n.5, p.883-900, 1947; LATTES, C. M. G., FOWLER, P. H., CUER, P. Range-energy relation for protons and α-particles in the new Ilford "nuclear research" emulsions. *Nature*, v.159, p.301-2, 1947.

[3] LATTES, C. M. G., MUIRHEAD, H., OCCHIALINI, G. P. S., POWELL, C. F. Processes involving charged mesons. *Nature*, v.159, p.694-7, 1947.

[4] LATTES. C. M. G., OCCHIALINI, G. P. S. Determination of the energy and momentum of fast neutrons in cosmic rays. *Nature*, v.159, p.331-2, 1947.

[5] LATTES, C. M. G., OCCHIALINI, G. P. S., POWELL, C. F. Observation on the tracks of slow mesons in photografic emulsion. *Nature*, v.160, p.453-6 e 486-92, 1947; LATTES, C. M. G., OCCHIALINI, G. P. S., POWELL, C. M. A determination of the ratio of the masses of p´ and π´ mesons by the method of grain-counting. *Proc. Royal Phys. Soc. (London)*, v.61, p.173-83, 1948.

[6] GARDNER, E., LATTES, C. M. G. Production of mesons by the 184-inch Berkeley cyclotron. *Science*, v.107, p.270-1, 1948; BURFENING, J., GARDNER, E., LATTES, C. M. G. Positive mesons produced by the 184-inch Berkeley cyclotron. *Physical Review*, v.75, n.3, p.382-7, 1949.

Entrevista

Meu caro, na minha opinião, tudo o que interessa é a graduação. Trabalhei um pouco em física, distraí-me com chapas fotográficas e ajudei pessoas a fazerem programas de um certo interesse, por exemplo, medir o alcance de vôo dos mosquitos da malária. Mas eu não sou físico, eu me considero professor. O Marcelo Damy é físico. O Bernhard Gross é, embora mais para engenharia, mais para tecnologia. O físico acredita na existência de uma realidade objetiva e o professor ensina. Se for um bom professor, vai alertar para o que está errado nos livros, o que não está bem explicado nos livros e assim por diante.

E quanto à física recente, que postula entidades elas mesmas impossíveis de serem vistas ou medidas. Isso é física?

Ninguém viu um quark. Ninguém viu um glúon. Isso aí é imaginação. Está até na Enciclopédia Britânica, que é uma publicação séria. É que esse pessoal aí está achando e declara que estão chegando ao fim da ciência, não é? Não estamos nem no começo, eles estão se bloqueando, estão botando barreira para ir para diante. Só interessa o que você pode detectar ou o que pode induzir a partir do que detectou.

Quem são físicos importantes no Brasil?

O Marcelo Damy Souza Santos, está vivo ainda, é o maior físico do Brasil, ainda é. O Bernhard Gross é fichinha perto dele, pois nunca descobriu realmente nada importante-e existem coisas que o Marcelo não só descobriu, mas teve a idéia, fabricou a aparelhagem, mediu e publicou, junto com o Wataghin [Gleb] e Pompéia [Paulus Aulus]. Mas o Pompéia era mais técnico e o Wataghin, mais teórico. Tem dois muito importantes que, infelizmente, não estão vivos. Joaquim Costa Ribeiro, que descobriu o efeito Costa Ribeiro. É brasileiro e ninguém sabe. Mas se você pegar a classificação decimal do Dewey, tem lá um numerozinho "Efeito Costa Ribeiro", a formação de dipolo de carga elétrica nas mudanças de fase dos sólidos e líquidos. E o sucessor dele, Armando Dias Tavares. Armando fez o Nepec – Núcleo de Estudos de Pesquisas Científicas, em Santa Teresa, no Rio. Ele continuou a obra do Costa Ribeiro e demonstrou que certas hipóteses do Costa Ribeiro sobre o efeito eram verdadeiras. Agora, outros físicos, tem o Schenberg, mas é um teórico. Schenberg é formado em matemática. Quem mais? Tem o Leite Lopes, uma figura interessante, teórico, formado em química e também em física. Está com 80 anos, mas está ainda vivo, andando de bengala. Tem o Pompéia, também morreu... O Sala você deveria entrevistar. Ele está com dificuldade para falar porque teve um derrame feio, mas a cabeça está boa. O Sala é que iniciou a física de partículas, porque o Damy com o bétatron era mais para elétrons e raios gama. O Sala fez o primeiro Van de Graaff na unha. Não foi importado não, ele fez na unha para acelerar prótons de partículas alfa. No momento, lembro-me de outros, mais novos: o Santoro, o Novello...

Haver poucos nomes de físicos atuantes no Brasil é um problema local ou você está sendo muito exigente? Será que se formos falar com um físico norte-americano e pedirmos para que cite alguns nomes, ele terá mais facilidade para falar?

Atualmente há dificuldade. Em estado sólido ainda dá, mas não é bem física, é tecnologia, mas em física nuclear são trabalhos de três páginas e três páginas de autores. No caso dessas máquinas enormes aí de bilhões, dezenas de bilhões de Volts, caríssimas, formam-se então equipes de 20, 30, 40 nomes. Então fica difícil dizer quem [é bom].

Por que será isso? A natureza está ficando mais difícil de estudar e entender?

Não, não, não, não é isso não. Por que será? Por que aumentou tanto o número de cientistas em física, que é o que eu conheço, e mesmo assim a física realmente não teve grandes triunfos... Não sei, eu não sei responder.

Proporcionalmente ao que se gastava no tempo do laboratório em Bristol, onde você trabalhou há quase 60 anos, hoje deve-se gastar bem mais, o número de pessoas deve ser muito maior.

Não tem comparação, o laboratório era dois microscópios, e depois foi se arranjando mais. Mas veja você, eu peguei ainda moço o pósitron. Aí foram trabalhos belíssimos com pouca, quase nenhuma despesa.

Já passou a época em que era bastante simples fazer física. Por exemplo, o Yukawa propôs o méson, para explicar por que as forças nucleares são de curto alcance. Mas o méson que se descobriu primeiro, o μ, não era o responsável por elas. Foi preciso descobrir o outro, o π, que decai nesse aí. E, na verdade, Sakata, pouco tempo depois de Yukawa ter publicado seu trabalho, durante a Guerra, mostrou que deveria existir um "pai" daquele méson, a partir de cálculos relativamente simples. Era então fácil prever coisas importantes, pois os mésons π e μ foram previstos. Mas, hoje em dia, a coisa está tão complexa que acho difícil prever coisas fundamentais.

Como você tem acompanhado a física? Por revistas especializadas?

Não, em geral é pela *Folha de S.Paulo*. Eu recebo a revista da *Academia Brasileira de Ciências* porque sou acadêmico. Eu vou assinar a *Science* e a *Nature*. Com essas duas você está a par do que acontece e dos boatos que não aconteceram. Quando eu era aluno, dava para assinar as revistas mais importantes, *Physical Review*, *Review of Modern Physics and Applied Physics*, *Nature*... Dava para assinar com o ordenado de assistente. Agora, só a *Physical Review* deve ter umas dez seções. Não pego nela há uns dez anos.

Seus pais vieram de onde?

Lattes é sobrenome judeu. O avô de meu pai era de sinagoga, Sion Lattes. Já o pai dele casou-se com uma católica. Mas Lattes é nome de um riozinho que separa a França da Espanha. E alguns, ao atravessá-lo, mudaram de nome para Lattes. Meu pai veio da Itália com 19 anos e foi para Curitiba trabalhar no Banco Francês--Italiano. O pai dele era banqueiro, tinha o Banco Lattes, que ainda existe em Turim, mas morreu moço, e a mãe dele era "mão aberta". Felizmente, o velho deixou um testamento e ficou um tanto para cada filho. Quando meu pai viu que não dava mais, pegou o que sobrou e foi para Curitiba, em 1912. Em 1914, a italianada de Curitiba pegou um navio para guerrear com os austríacos e alemães e ele foi. Aí conheceu a minha mãe, que era professora de francês. Ele saiu como voluntário de Curitiba e chegou lá como desertor, porque o navio fretado por eles levou uns dois meses para chegar lá. Ele foi em 1914 e voltou em 1921. Meu pai começou como contador de banco, foi para a Guerra [Primeira], voltou, começou de novo e chegou a gerente-geral do Banco Brasil, que ele mesmo criou. Durante a Segunda Guerra Mundial, o governo fechou o Banco Francês-Italiano e o prédio foi ocupado militarmente, sendo toda a turma posta para fora. Ele não pôde levar nem os papéis, porque o Brasil era inimigo da Itália e da França e, aí, depois de um mês sem saber o que fazer, ele mais um outro gerente do Banco Francês-Italiano que conhecia o pessoal do café fizeram o Banco Brasil – Banco Brasileiro da América do Sul. Meu pai tinha também uma firmazinha de representações e fez uma construtora. Meu irmão Davide se formou em engenharia... Meu pai faleceu em 1975 e minha mãe, em 1986. Eles me ajudaram muito. Com 19 anos, eu já tinha o emprego na universidade. Quando me casei, voltando da América do Norte, comprei um apartamento no Rio pela Caixa Econômica. Nesse caso, não foi preciso ajuda deles. Quando já tinha quatro filhas e as coisas começaram a esquentar lá em casa, minha mãe convenceu meu pai a nos dar o apartamento da frente porque o primeiro tinha só três quartos e sala, mas com a quarta filha eu fiquei sem nem sequer um escritório. A sala era de jantar e de estar. Então, deram o dinheiro para comprar o apartamento da frente. A ajuda dos meus pais foi essa, além dos tratamentos médicos nas minhas depressões.

Você é de Curitiba, mas foi educado em São Paulo...

De Curitiba. Quando eu tinha dois anos, nós fomos para Caxias do Sul, lá no Rio Grande do Sul. Depois fomos para Porto Alegre, quando então veio a Revolução de 30. Nós estávamos em uma casa pegada ao Palácio do Governo e me lembro de a gente chegar numa esquina e o sargento mandar suspender bandeira branca, "senhora e duas crianças para atravessar". O tiroteio foi suspenso e pudemos atravessar a rua e ir para um hotel. Depois, terminado o barulho, fomos buscar as coisas em casa. Foi para valer lá. De Porto Alegre fomos para a Itália, passamos seis meses lá e cursei a escola pública em Turim. Eu tinha então seis anos. Voltando da Itália, fomos de novo para Curitiba. Aí fiquei até 1933 e, com nove anos, fui para um colégio interno em São Paulo, o Dante Alighieri. Meu pai continuou entre Porto Alegre e Curitiba, até que foi transferido para São Paulo. Mas quando isso aconteceu, nós já estávamos no último ano do ginásio.

Você tem hoje uma família grande.

Quatro filhas e nove netos. Nenhuma de minhas filhas seguiu física. A mais velha, Maria Carolina, fez escola normal e artes plásticas. Atualmente, é pintora. A segunda, Maria Cristina, fez química técnica e administração de empresas. A terceira, Maria Lúcia, fez psicologia e trabalha com crianças. A quarta, Maria Teresa, é arquiteta. Meu irmão deixou três filhos, uma filha e oito netos.

Como você conheceu Gleb Wataghin?

Eu tinha 16 anos e meu pai me levou para falar com ele, em um prédio numa travessa da avenida Tiradentes. Eu era aluno do Primeiro Pré. Havia pré naquele tempo. Eram quatro anos de primário, um de admissão, cinco de ginásio e dois de pré. Só aí é que você entrava na universidade. Meu pai, sendo diretor do Banco Francês-Italiano, pagava o salário do Wataghin e dos outros italianos da USP. O Wataghin disse a meu pai "Diga a ele para falar comigo", e eu fui. Ele me recebeu muito bem, disse "Pula, pode pular o segundo ano, saiu uma portaria, você está perdendo tempo". Isso foi ainda na avenida Tiradentes. Depois, quando fui ser aluno, já era na Escola Normal Caetano de Campos.

Antes de ocupar a Escola Normal, o Wataghin conseguiu, por perto da Escola Politécnica, uma casa de madeira, e foi assim que tudo começou. Quando fiz a entrevista com ele, o pessoal ainda estava nessa casa. Pouco depois, mudaram-se para o prédio da Escola Normal, na praça da República, onde fiz minha graduação. Depois, foram para a Brigadeiro Luís Antônio.

Como era seu curso de graduação?

Havia matemática e física, umas quatro, cinco cadeiras por ano. No primeiro ano, era física geral e experimental, cálculo vetorial e tensorial, cálculo diferencial (cálculo integral vinha depois) e geometria projetiva. Eram umas seis horas de aulas por dia, com aulas de laboratório que pegavam praticamente um dia todo, com nós mesmos montando as coisas. Eu me formei bacharel em física com 19 anos, em 1943, e nunca mais fiz curso algum. O que eu aprendi, eu aprendi fazendo, com os colegas, lendo revistas e tal.

E seus professores eram da Politécnica?

Não, não. Os professores de física eram físicos e os de matemática eram matemáticos. Os de física eram formados pelo Wataghin e pelo Occhialini, e os de matemática, formados pelo Frantappié [Luigi] e pelo Albanese [Giácomo].

Eu tive aula com o Wataghin, com o Damy, no primeiro ano tive termodinâmica com o Pompéia [Paulus Aulus], cálculo vetorial com Abraão de Morais, análise com o Cândido Dias, o Candinho, e o Catunda [Omar]. O Frantappié já tinha ido embora. Geometria projetiva era com o Albanese, um grande professor. Quase fui ser matemático por causa dele. Era uma matéria muito bonita que, hoje em dia, não se dá mais, mas que ensina a raciocinar. Eu não me arrependo de ter feito uma matéria que não se dá mais. Acho que sai perdendo o pessoal de hoje.

Como era a estrutura do departamento de física?

Tinha uma belíssima biblioteca que o governo italiano doou. E não só de livros, mas de revistas também. Isso foi diplomacia do Wataghin. Ele negociou com o governo italiano a doação de uma biblioteca com coleções completas de *Physical Review*, *Comptes Rendus de l'Académie des Sciences*, *Review of Modern Physics*, e assim por diante. E tudo atualizado em base regular.

Os salários também eram bem melhores que os de agora. Quando me formei e me tornei terceiro assistente, eu devia ganhar uns 900 por mês, o que devia dar, hoje, uns quatro mil dólares. Era bem pago, praticamente o mesmo que na Europa, talvez mais. Wataghin era um bom negociante.

E como foi seu início de carreira?

Eu fui convidado para terceiro assistente da cadeira de física teórica e matemática, que era regida pelo Wataghin. Então o meu primeiro trabalho foi com o Gleb Wataghin sobre a abundância dos elementos no Universo. Eu usava termodinâmica estatística de temperaturas muito altas e densidades muito altas. Assim, deu para obter mais ou menos a abundância empírica dos elementos e de seus isótopos. Foi meu primeiro trabalho científico. Eu o apresentei na Fundação Getúlio Vargas, num simpósio, em 1945.

Depois apareceu na *Physical Review*, em 1946. Então, o Schenberg me pegou para calcular o campo de um dipolo puntiforme, com momento angular. Os termos do lagrangeano são nove. Só que cada um deles é um somatório, são quatro de cada vez. Ou seja, 36 termos para desenvolver em série. E esse foi o segundo trabalho. Aí eu desisti da física teórica e fui para a câmara de Wilson.

Como era Gleb Wataghin?

Ele veio para o Brasil em missão do governo italiano, quando Theodoro Ramos foi buscar professores na Europa para a fundação da Faculdade de Filosofia, Ciências e Letras. Wataghin estava em Turim e foi Fermi quem o indicou. E Wataghin deu início à física moderna no Brasil. Ele era russo e estava terminando física em Kiev quando foi obrigado, por causa da Revolução de 1917, a se mudar para Turim. A família dele era ligada à família real. Foram embora ele, o irmão, a irmã gêmea, a mãe, que era princesa, e o pai, que era parente do czar. Antes de ser professor em Turim, ele foi tocar piano em cinema mudo. Só depois é que conseguiu um lugar para lecionar.

A Rina [Caterina, esposa de Gleb Wataghin] foi muito importante para ele, porque Wataghin era muito altruísta, ao passo que ela era realista. Tinha uma vinícola no Piemonte e foi quem lhe deu estabilidade. Ele era muito desprendido. Os alunos que formava ele mandava logo para um lugar que achasse melhor. O Damy foi logo para a Inglaterra; o Schenberg foi para a Itália, para trabalhar com o Fermi.

E qual a importância dele para o desenvolvimento da física no Brasil?

Esses físicos de agora, boa parte não sabe, mas são herança do Wataghin. Têm um pouco do Beck, mas foi pouca coisa. Moisés Nussenzveig é um exemplo. Wataghin foi um grande professor. Realmente, acho que se pode dizer que mais de 50%, talvez uns 70%, dos físicos brasileiros são netos, bisnetos, tataranetos dele.

Fora o grupo de Wataghin, que mais havia de física no Brasil na época?

Independentemente do Wataghin, um pouco depois, o Costa Ribeiro, o Gross e o Oliveira Castro foram importantes.

O Guido Beck e o Marcelo Schein, na época que parecia que valia a pena, se mandaram para a Rússia, para ajudar a construir a pátria do socialismo. Ambos, acho, eram austríacos. Depois, Schein faria o grupo de raios cósmicos de Chicago. Enfim, os dois foram para a Rússia. Mas eles eram muito falantes. E não sei se foi o Stalin ou o Lenin, deve ter sido o Stalin, que mandou despachá-los pela Transiberiana até Vladivostok, com um bilhete para ir para o Japão. Sem dinheiro. Não sei os detalhes de como eles se arrumaram, mas o Schein foi para a América do Norte e o Beck, para a Argentina. Ambos fizeram escola. Da Argentina, Beck veio para o Brasil, mais ou menos em 1948, e morreu aqui, atropelado por um automóvel.

E antes desse pessoal?

O primeiro, que foi mais um editor, foi o José de Anchieta, porque os índios já sabiam um bocado de física. Ação e reação, pois eles usavam remos, princípio de inércia, pois atiravam flechas, e vai por aí afora. Refração, pois para você flechar o peixe debaixo d'água precisa saber as leis da refração.

Mas o primeiro físico brasileiro mesmo foi Bartolomeu de Gusmão, que demonstrou o princípio de Arquimedes para os gases, usando um grande balão com ar quente. Ele fez isso em Lisboa, mas era brasileiro.

Um livro russo dá, no verbete "Lítio", o nome do "grande cientista e estadista brasileiro José Bonifácio de Andrada e Silva". Você sabia que o José Bonifácio era um grande cientista? Ele, entre outras coisas, estudou em Lisboa. Pouco depois,

CÉSAR LATTES

ganhou um cargo de inspetor de minas e foi para Pádua, Pisa e Paris. Trabalhou com discípulos de Lavoisier e foi para Leipzig. Lá, foi fazer uma excursão pela Suécia e, numa caverna, encontrou minérios que não eram conhecidos, descreveu e publicou no *Compte Rendus* da Academia de Ciências um artigo sobre o minério espodumênio, no qual declarou que lá deveria haver um elemento da família do potássio e do sódio, só que mais leve. Esse elemento é o lítio. Logo, a descoberta do lítio é dele, mas o elemento só pôde ser isolado mais ou menos cem anos depois, quando já havia pilhas suficientemente fortes. Quem disse que ele foi um grande cientista foram os russos, não fomos nós, os brasileiros. Nós afirmamos que ele era um estadista e pai da Independência. Mas ele era mais que tudo cristalógrafo e mineralogista e fez alguma coisa em física também. No Maranhão, existiu um matemático, Gomes de Sousa, que chegou a publicar na *Royal Society*. Ele trabalhou no Rio, chegou a ser deputado e morreu jovem. E, no fim do século passado e início deste, tivemos o físico e matemático Oto de Alencar, na Politécnica do Rio, também com trabalhos publicados no exterior.

A física experimental começou no Rio com Costa Ribeiro e em São Paulo com Marcelo Damy. Agora, certamente houve trabalhos em física, disso não tenho dúvidas, na Escola de Minas de Ouro Preto. Oto de Alencar é a última coisa em matemática anterior à Faculdade de Filosofia, Ciências e Letras da USP. No Rio, depois dele, a luta para botar o positivismo para fora da Escola Politécnica foi muito grande e isso atrapalhou o progresso científico no Brasil. Aí, finalmente, veio Theodoro Ramos, que fundou a Faculdade de Filosofia, Ciências e Letras em São Paulo. Ramos era engenheiro, da Politécnica de São Paulo. Foi encarregado pelo Armando de Salles Oliveira de contratar o pessoal para a Faculdade de Filosofia, Ciências e Letras. Ele trouxe Wataghin, Occhialini, Rheinboldt, Hauptman, todos professores lá de fora. Só que aqui ainda não havia a mentalidade certa. De física ele trouxe, primeiro, só o Wataghin. Mas, depois, o Wataghin foi passar férias na Europa e entrou em contato com o pai do Occhialini [Giuseppe], também físico, diretor do Instituto de Física de Gênova. Ele pediu a Wataghin que fizesse o favor de levar seu filho para o Brasil, porque ele ia acabar se metendo em encrenca, já que era antifascista. E foi assim que o Occhialini veio para cá. Ele tinha acabado de voltar da Inglaterra, onde participou da descoberta do pósitron e da produção dos chuveiros eletromagnéticos, também com Guido Beck. Isso foi em 1938.

Occhialini e Wataghin trabalhavam juntos?

Não. Wataghin era diretor do Instituto de Física, que aliás não era nem Instituto, era Departamento. Ele sempre deu o maior crédito aos assistentes, mas, num trabalho sobre produção múltipla de mésons, ele chegou e disse assim: "Marcelo", é o Damy, "Vamos assinar à maneira brasileira ou à maneira européia?". E o Marcelo disse: "À maneira brasileira". Então, o Wataghin disse "Bom, se fosse à maneira européia, seria Damy de Sousa Santos, Pompéia e Wataghin, à brasileira é Gleb, Marcelo e Paulus". Ficou como o único trabalho seu na ordem alfabética errada, pelo primeiro nome. Durante a guerra, os italianos foram embora, mas Wataghin e sua mulher, que era judia, deram um jeito de ficar. Mas ele, considerado inimigo, não pôde ficar na chefia do departamento e tinha uma sala com outra entrada, porque o resto do departamento fazia sonares para detectar submarinos e troços para medir a velocidade de projéteis de canhão. Tudo para a Guerra. Nessa época, já estávamos num prédio na Brigadeiro Luís Antônio.

Occhialini participou da descoberta do pósitron e do méson. Ele poderia ter ganhado um Nobel?

Prejudicaram-no duas vezes. Na primeira, ele

colocou um controle automático na câmara de Wilson do Blackett [Patrick Maynard Stuart]. Foi ele quem inventou esse controle e foi com ele que tiraram fotografias de pósitrons. Isso, em 1933. Mas quem ganhou o prêmio Nobel foi o Blackett, em 1948. Bom, pode-se dizer que o Blackett era mais conhecido e tal. Mas não é verdade. Ele era um oficial de Marinha que, durante a Guerra, trabalhou em detectores de submarinos. Mas era *fellow* da Royal Society.

Em 1950, quando o Powell ganhou o prêmio Nobel, ele era um físico bem conhecido. Mas quando a gente descobriu o méson π, o Occhialini era mais conhecido, por causa do trabalho da produção de pósitrons, e o Powell não. No entanto, deram o prêmio só para o Powell. Na época da descoberta, o Occhialini devia ter uns 38 e o Powell uns 45 anos. Eu é que estava com 22. Mas ele nunca falou disso. Era um *gentleman*.

Depois disso, ele foi para Bruxelas, onde fez trabalhos com emulsões e formou uma boa escola. Depois, foi para Gênova, onde seu pai tinha sido diretor. Em seguida, para Milão. Aí, foi coordenar a física espacial italiana.

Ele se tornou mais administrador que físico experimental...

Mais ou menos. Ele foi a vida toda físico.

Naquela distinção entre físico e professor, o Occhialini era físico?

O Occhialini era físico.

Experimental ou mais teórico?

Nunca vi o Occhialini escrever uma fórmula. Era tudo na intuição. Ele até as conhecia, mas nunca entrava em detalhes teóricos. Sabia as leis de Newton.

E quanto aos gadgets que ele construía?

Era extremamente hábil. Teve um microscópio que ele fez, com motores controlados por pedais, para não ter de usar as mãos para mover as lâminas. Havia excesso de guerra e a gente comprava motorezinhos e coisas assim. Ele comprou um bocado disso e automatizou um microscópio. Então, você se sentava, projetava, pois não era nem de olhar, era de projeção, projetava e acelerava, tudo automaticamente. Ele sempre convencia algum mecânico a fazer esses aparelhos para ele. Esse, em particular, ele chamava de "telepanto". Ele era muito divertido, muito humano.

Ele era conhecido como Beppo. Giuseppe Pepino Beppo. Ele assinava G. P. S. Occhialini e explicava que isso era porque o Blackett assinava P. M. S. Blackett [Patrick Maynard Stuart] e ele queria ser

Giuseppe Pepino Sommerfeld. Ele admirava Sommerfeld profundamente. Seu nome mesmo era Giuseppe Paolo Stanislao.

Mas Beppo era só para os mais íntimos, não era?

Eu vou explicar. Ele foi meu professor na USP, embora não fosse um curso formal. Ensinou-me a fazer funcionar a câmara de Wilson e depois conseguiu-me um emprego na Inglaterra. Então, eu o chamava de professor. Ele inventou um sistema automático de revelar as emulsões. Na verdade, fixar. Revelar é 20 minutos, mas fixar uma emulsão espessa, de mais de cem micra, leva uma hora, com você agitando uma bacia. Então, ele pegou excessos de guerra, um motor, um excêntrico, juntou com um eletroímã e contatos de mercúrio e pôs tudo sob a bacia de metal. Aquele motor girava, o excêntrico girava, o contato de mercúrio ligava e a coisa ficava dando pancadas na câmara escura. Eu nunca usei, mas ele estava muito orgulhoso. Um dia, eu estava chegando e subindo a escada, pois o laboratório era no quarto andar, e ele vinha descendo. Nos encontramos e ele me perguntou: "Você usou a câmara escura ontem à noite?". Eu respondi: "Sim, senhor". "E você urinou dentro da bacia do telepanto?". Eu disse: "Não senhor, urinei na pia". Ele repetiu a pergunta e, eu, a resposta. Então, perdi a paciência e disse um palavrão. Aí, ele parou, me abraçou e disse: "Meu filho, há quanto tempo eu não ouvia essa expressão. Não me chame de professor, me chame de Beppo!".

Alguma emulsão havia se estragado?

Que nada, ele só estava querendo mostrar superioridade, eu acho.

Nós estávamos falando da USP. O senhor fez a sua graduação e teve aulas com Damy, Wataghin, Occhialini...

O Occhialini não foi bem aula. Ele era inimigo, pois o Brasil estava na Guerra e Occhialini era italiano; logo, inimigo. Ele foi ser guia de montanhas em Itatiaia, pois era bom alpinista. Até escreveu um livrinho, *Pequeno guia das montanhas do Brasil*, que nunca foi publicado. Tive aulas de física com Damy, Wataghin, Pompéia e com Bittencourt, e de matemática com Cândido Dias, Albanese, Catunda e mais alguns.

Mas com o Occhialini foi o seguinte: ele estava como guia de montanhas em Itatiaia e, sendo antifascista, ofereceu-se para combater ao lado dos ingleses. Veio então a chamada, mas ele não tinha dinheiro para viajar. Então, o Damy e o Wataghin deram um jeito para que ele desse um curso sobre raios X, um curso livre. E eu me inscrevi. Era o único aluno. O Occhialini não sabia quantos alunos ia ter e, na primeira aula, trouxe uma lista de perguntas inteligentes para animar a aula. Eu expliquei que era o único aluno; então ele disse, "esquece", e ficamos conversando. Ele tinha uma câmara de Wilson e não conseguia pô-la para funcionar, e eu consegui. Mas então ele embarcou e foi parar na Inglaterra, em Bristol, onde estava o Powell, com suas chapas fotográficas. Powell tinha se recusado a trabalhar no esforço de guerra e os ingleses acharam melhor mandar aquele italiano para um lugar sossegado, em lugar de colocá-lo no esforço.

E como foi sua ida para Bristol?

Em 1944-1945, fiz dois trabalhos teóricos, mas depois preferi ficar na parte empírica e fizemos, eu, o Ugo Camerini e o filho do Wataghin, o André Wataghin, uma câmara de Wilson, com os nossos meios. E tiramos fotografias que mandei para o Occhialini. Então, ele me mandou uma fotomicrografia que usava a nova emulsão concentrada. O Occhialini tinha muita imaginação e a emulsão que o Powell estava usando era aquela comum de fotografia, na qual os riscos dos prótons tinham de ser olhados com muito cuidado, pois havia muita interferência de fundo. O Occhialini via risco de próton onde não tinha. Então, ele se encheu e foi ao técnico responsável na Ilford. E eles fizeram uma emulsão seis vezes mais concentrada e conseguiram segurar o fundo. Aí sim, dava para ver prótons e tal. Quando recebi essa fotografia, percebi que, com a câmara de Wilson, precisaríamos de duas mil vezes mais tempo para fazer a mesma coisa. Escrevi para ele e pedi para me arrumarem um lugar lá e ele e o Powell me arranjaram uma bolsa da Wills, uma companhia de cigarros, e a Fundação Getúlio Vargas pagou a minha passagem de ida.

E como foi sua chegada a Bristol?

Saí do Brasil com 10 libras esterlinas. O navio levou mais de 40 dias para chegar a Liverpool, com uma escala em Cabo Verde. Em Liverpool, existia um sujeito do British Council, que aguardava outros membros que estavam no navio. Mas não eu, que estava com dinheiro dado pela Fundação Getúlio Vargas. Apesar disso, nos levou todos para Londres. Depois de dois dias em Londres, eu só tinha dinheiro para o trem até Bristol e mais meia coroa. Então, me mandei para Bristol. Era inverno, fim de inverno, e deixei o baú na estação. Era um sábado. O Occhialini tinha ido namorar em Bath e eu não tinha o telefone do Powell. Fui procurar uma igreja para dormir. Estava nevando e vi um sujeito que ia com um cabide nas costas, levando um terno. Eu o parei para saber onde era a igreja e ele disse:

"É ali, mas para que é que você quer a igreja a esta hora?"

"Para dormir, porque estou sem dinheiro para pagar hotel. Estou chegando agora."

"De onde é?"

"Brasileiro."

"Ah! Brasileiro? De São Paulo?"

"É."

"Conhece o Dr. Fulano?" (Não me lembro de quem, agora.)

"Conheço, sou amigo dele."

Ele me disse: "Você vai fazer o seguinte, você não vai dormir na igreja. Eu vou dormir com a minha namorada, você dorme no quarto dela, na cama dela".

E no sábado e domingo, eu dormi numa cama com perfume barato "pra chuchu". Na segunda, chegaram o Occhialini e o Powell e deu para mudar para um hotelzinho.

Meia coroa era o que eu tinha no bolso. Deu para comer peixe com batata frita durante dois dias. "*Fish and chips*".

Bem, foi melhor que pernoitar na igreja.

É o anjo da guarda. Eu tenho um anjo da guarda muito bom.

Na época, você já estava contratado na USP...

Já era bacharel há dois anos e estava contratado pela universidade. Mas saí sem comissionamento. Mas o Wataghin, que era furão, conseguiu meu comissionamento quando eu já estava na Inglaterra. Aí, eu estava lá e rico. Mas até isso sair, eu tive apenas 15 libras por mês de bolsa da companhia de cigarros. Aí é que comecei a fumar, aos 22 anos.

Como era o Powell?

Ele era o mestre da palavra falada, ele falava de uma maneira muito interessante, um inglês muito bom, e convencia as pessoas. Ele não tinha iniciativa. Foi preciso o Occhialini e eu chegarmos lá para tirá-lo de vinte anos de trabalho com emulsões fotográficas que você pode comprar na loja. Ele foi o único aluno de C. T. R. Wilson, da câmara de Wilson, único a fazer Ph.D com ele. Daí, ele foi para as Antilhas, fazer sismografia. Começou então a beber, quando se casou com Isabella, que o puxou para cima. Ele voltou para a Inglaterra e foi trabalhar com o Tyndall, para fazer um gerador de cascata. Não o Tyndall do "efeito Tyndall", mas o neto dele, que era na época diretor do laboratório em Bristol. Chegaram a construir uma boa parte do gerador, mas aí o Powell, não sei por quê, expôs chapas. Bem, Marietta Blau já tinha feito isso, na Alemanha.

Marietta Blau e o Kinoshita, este no Japão, tinham feito isso e ele começou a fazer a mesma coisa em Bristol. A vantagem é que era barato. Ele não era partidário, não era de carteirinha, mas era a favor do comunismo, e ela, sua mulher, era de carteirinha. Daí, ele estava jogado de lado, pois se recusou a participar do esforço de guerra. A emulsão fotográfica era barata ou até de graça porque o laboratório estava colaborando com a Ilford. Mas ele ficou nisso, espalhamento de nêutrons por vários alvos e espalhamento nêutron-próton. Quando cheguei lá, o Occhialini estava trabalhando também em espalhamento nêutron-próton. Foi preciso o Occhialini chegar para reformular as emulsões, para que desse para fazer física.

Como são essas chapas?

Trata-se de autofotografia. Elas são sensíveis à luz visível, mas como o filme é muito concentrado e espesso, a luz visível só vela a superfície, sem conseguir penetrar. Mesmo que elas sejam expostas com um pouco de luz visível, com álcool você tira essa camada e o resto é transparente, menos os grãos que foram sensibilizados pelos prótons e companhia, além de alguns de fundo.

De quanto tempo é a exposição?

O máximo é uns 15 dias, com chapas Ilford carregadas com bórax. Com chapas Ilford comuns, apenas dois, três dias. À medida que o tempo passava, a imagem latente ia sumindo. Então, um próton de hoje e um próton de antes de ontem tinham uma densidade de grãos diferente. O bórax é que segurava a imagem latente, foi assim que Bristol bateu Cambridge: eles não tinham o bórax. O b6rax foi invenção minha.

Como foi essa invenção?

Foi por acaso. Eu queria ver a desintegração de boro em duas alfa e um H^3. Então, pedi à Ilford que fizesse uma chapa contendo bórax e aconteceu que se verificou que as chapas com bórax não tinham enfraquecimento da imagem latente. Ou seja, o próton que bateu na chapa há dois dias deixa uma impressão tão boa quanto a do que bateu hoje.

Os filmes eram encomendados na Ilford, por telefone. Nós trabalhávamos em cooperação. Nós telefonávamos e dizíamos: "Olha, essa não ficou muito boa não, o grão está maior, o número de grãos está maior, mas o fundo está pior". Eles iam tentando, até conseguirmos ver bem prótons, com pouco fundo e, depois, finalmente, em 1948, o elétron. Mas, antes da Ilford, a Kodak conseguiu ver elétrons, só que as chapas deles não eram muito estáveis. Dois dias depois, não se via mais nada, porque sumia a imagem latente.

Como era a montagem das chapas?

Uma emulsão apenas, de duas por três polegadas de lado, recoberta com papel preto. A caixa nem era aberta. A Ilford empacotava em luz vermelha e nós só desempacotávamos depois de terminar a exposição. Elas eram então estudadas ao microscópio. As ilustrações que aparecem nos artigos são mosaicos de fotos, feitas numa mesma emulsão, a várias profundidades de foco.

Usa-se ainda essa técnica?

Não. Depois fizeram emulsões elas mesmas sensíveis à mínima ionização e que seguravam a imagem latente. O bórax foi por acaso.

E o trabalho com o grupo de Powell?

O Occhialini e o Powell estavam com as chapas novas, mas elas estavam em cima de uma mesa, pois eles estavam terminando o trabalho com as chapas antigas. Coube então a mim pôr isso para andar, determinar a razão entre alcance e energia, discriminação de prótons, de partículas alfa, e assim por diante. Eles trabalhavam em espalhamento nêutron-próton em chapas antigas expostas no cíclotron de Liverpool de 13 milhões de Volts. Naquelas chapas, para ver um traço de próton, era preciso ter imaginação. Nas novas não, os riscos eram bem feitos. O grupo todo tinha umas dez pessoas.

Quando o Occhialini foi passar férias nos Pireneus, eu, que estava interessado no boro, pedi a ele para levar chapas com boro e sem boro. E as com boro deram os melhores resultados.

A primeira chapa com que pegamos o decaimento $\pi - \mu$ foi exposta nos Pireneus.

Fui então ao departamento de geografia e descobri que, na Bolívia, a 20 km de La Paz, existia um pico com um Clube Andino, a 5.500 m de altura e acessível o ano todo. Você ia de camioneta! Eu queria uma exposição mais alta, pois sabia qual é a absorção na atmosfera e sabia que a 5.500 m eu iria obter muito mais fenômenos que nos Pireneus, a 2.800 m. Disse então a eles: "Vocês me pagam a viagem até o Brasil e eu me viro".

Aí você voltou para o Brasil...

Tomei um avião, provavelmente da Panair do Brasil, que naquela época era um DC-3, até Sanca Cruz ou até Corumbá onde dormi. Peguei em seguida um avião da Panagra para ir até La Paz.

DESCOBRINDO A ESTRUTURA DO UNIVERSO

Passei antes por Santa Cruz, Oruro, Potosí e Sucre. Chegando à Bolívia, fui ao departamento de física da universidade e encontrei o professor dom Vicente Burlgaleta, um engenheiro, que construiu a maior parte das estradas de rodagem de lá que descem do Altiplano para as *yungas*. Ele disse: "Se você está com esse problema, fala com o Ismael Escobar, que é o diretor do Instituto de Meteorologia, e ele vai poder te auxiliar mais". Fui lá, e o Escobar apareceu. "Cadê o inglês? Cadê o inglês?". Sei lá por quê, achou que eu era inglês – e então expliquei o que queria: expor o mais alto possível durante um mês. Ele disse: "Então, vamos para o Clube Andino Boliviano. Tem uma estrada que se pode usar o ano todo. Às vezes, é preciso tirar a neve com enxada, ou quando estão ricos, com um limpa-neves". Então fomos lá para cima, ao Clube Andino.

Lá em cima, existe um primeiro pico de Chacaltaya. Acho que quando o Escobar fez esse "observatório", ele não sabia que havia um segundo cume. Assim, ele o construiu a 5.500 m, no primeiro pico em Chacaltaya. Botou quatro pernas de pau em pirâmide, uma placa de madeira e uma outra como telhado. Eu deixei as chapas lá durante um mês, voltei para o Brasil e depois fui buscá-las.

Voltou para o Brasil; não ficou na Bolívia?

Não. Um mês! O que eu ia fazer lá? E depois, o importante era o seguinte: você precisa se adaptar à altura. Tem gente que não pode ficar porque isso aumenta a taxa de glóbulos vermelhos e você começa a espirrar sangue. Eu até que me dou bem lá. Deixei as chapas lá, deixei também em várias profundidades no lago Titicaca, para ver a absorção dos raios cósmicos, e no estreito Tiquina, que divide o Peru com a Bolívia. De acordo com Escobar, compramos um pedaço grande de madeira para servir de bóia, para segurar os arames que prendiam lá embaixo as chapas, que eu já tinha soldado em Bristol, dentro de alumínio. Mas isso não adiantou nada porque os índios pegaram a madeira. Lá existe pouca madeira e eles a roubaram. As placas devem estar lá embaixo ainda...

Então fiquei um mês no Brasil, fui passear no Guarujá e tal e depois fomos pegar as chapas. Revelei uma na casa do Escobar. A água não estava muito boa e ela ficou meio suja, mas deu para ver o terceiro méson π. Aliás, foi encontrado no Rio. Fui mostrar as chapas para o Guido Beck e foi aí que apareceu esse terceiro. Nós já tínhamos dois, expostos no Pic-du-Midi, nos Pireneus, mas a altura lá é de só 2.800 m. Em Chacaltaya, tinha muito mais. Pegamos uns 30.

Aí deu para estimar a massa dos dois mésons. Quando publicamos os trabalhos com a avaliação da massa, mostramos que da desintegração do méson pesado saía um méson leve, que hoje em dia se chama múon, e algo leve e neutro que, hoje se sabe, é o neutrino muônico.

Mas você queria produzi-los artificialmente.

Eu sabia que em Berkeley havia um cíclotron de 184 polegadas, que dava partículas alfa de 380 milhões de Volts. Isso parece insuficiente para criar mésons, pois uma alfa tem quatro núcleons e a divisão resulta em 95 milhões de Volts por núcleon. E isso, no laboratório; no sistema de centro de momento, que é o que interessa, é ainda menos. Então, em princípio, não daria. De fato, o que acontece é o seguinte: tanto dentro da partícula alfa como dentro do carbono do grafite, os núcleons estão em movimento – isso se chama energia de Fermi. Então, se você pegar uma partícula alfa que está se dirigindo para colidir com o núcleo do carbono, as energias se somam e dá o suficiente para produzir mésons. Não é bem soma, mas dá. Isso foi em fevereiro de 1948.

É verdade que Bohr mandou assistentes para Bristol, para ver o que estava acontecendo?

Sim, e foram esses assistentes que, falando com ele, devem ter explicado que quem estava fazendo as medidas era eu, e foi então que veio um convite para eu ir a Copenhague.

Eu estava em Bristol com as chapas de Chacaltaya e eles me viram contando, fazendo medidas. Veio em seguida um convite para eu ir fazer seminários no Instituto de Física e na Sociedade de Física Dinamarquesa. Depois, vieram os convites para Estocolmo e Lund, mas estava perto do Natal e eu só fui para Lund, no sul da Suécia, e voltei. Não cheguei a ir a Estocolmo.

O Bohr foi muito gentil comigo. Fiz os dois seminários e ele, à noite, me convidou para um papo no jardim interno de sua casa. Aí veio a conversa sobre Chacaltaya e ele quis saber exatamente por que eu ia sair de Bristol numa época tão frutífera. Expliquei então a ele o motivo. Ele concordou e disse "mete a cara".

Não houve mais contato?

Não. Era um homem impressionante. De todos que conheci, tirando meu pai, foi o que mais me impressionou, pela confiança que inspirava. Niels Bohr nunca acreditou muito em Darwin e eu também não acredito. Eu acho que a coisa mais importante no fenômeno vida, no fenômeno

Universo, não está nessas três dimensões que nós co-dividimos. Acho que o espaço tem muito mais dimensões e que o espírito abarca mais dimensões. Apenas a parte material entra nessas três dimensões. A natureza não seria tão boba de deixar que a herança pudesse ser cifrada apenas em genes. A herança importante não é genética, essa é a minha opinião.

Qual foi a última vez que você esteve em Chacaltaya?

Quando se chega aos 75 anos, três quartos de século, a memória antiga continua, mas a recente fica um pouco embaralhada. Deixe-me pensar. A primeira vez foi em 1947. Depois, montei junto com o Escobar um grande laboratório, em 1951, quando fizemos o acordo com a Universidade de La Paz e o Brasil construiu o Laboratório de Física Cósmica de Chacaltaya. Depois, em 1952-1953, trabalhei na Bolívia, até mudei para lá com a família. Em fins de 1953, vim passar o Natal no Brasil. Havia problemas entre o CNPq e o CBPF (Centro Brasileiro de Pesquisas Físicas). Então, em que época fui a Chacaltaya de novo? Foi depois de voltar da América do Norte. Eu voltei em 1957. Em 1962, foi o início da colaboração Brasil-Japão. Depois de 1962, estive mais uma vez lá. Eu já estava aqui em Campinas. Como eu vim para cá em 1967, foi em 1970 ou

1972, mais ou menos. Acho que foi a última vez que estive lá, em um Congresso Latino-Americano de Raios Cósmicos.

Tinha muita gente correndo atrás desses resultados na época? Quando foi que Hideki Yukawa previu a existência do méson?

Nós não estávamos atrás do méson de Yukawa. Ele o previu em 1935. Anderson e Neddermeyer detectaram o mésotron em 1938. Só que era o μ (múon), que é "filho" do π e não tem interação forte. O π tem massa de quase 300 e o μ tem massa de cerca de 200 [massas relativas à do elétron]. O primeiro vive só 10^{-8} segundos, e seu filho vive cem vezes mais.

Mas existiam mais grupos atrás desses mésons...

Tinha o Perkins, que perdeu a corrida. Depois, outros entraram, mas inicialmente os interessados vieram para Bristol, porque o único método de detecção era a chapa fotográfica. Todos queriam estar no lugar onde se desenvolvia o método, daí aquela turma de dez pessoas em volta do Powell.

E quanto à sua ida para Berkeley?

Fazia mais ou menos um ano e meio que eu estava em Bristol. Então, fui para Berkeley, porque queria ver a produção artificial, que facilitaria a pesquisa. Com a produção artificial, foi possível estudar os mésons com muito mais detalhe.

E quem estava em Berkeley fazendo isso?

Era o Gardner. Mas ele estava doente, com beriliose. Trabalhou na bomba atômica durante a Guerra, com berílio, e o berílio tira a elasticidade dos pulmões. Ele morreu disso.

Ele e seu grupo estavam procurando mésons desde novembro de 1946, mas nós só os detectamos em fevereiro de 1948. Ou eles não sabiam ou não tinham tomado conhecimento do $\mu - \pi$ Eles estavam procurando o μ, mas este não é produzido artificialmente. Artificialmente, produz-se π, que decai em μ. Nós conseguimos produzir os dois. De fato, o méson π é produzido diretamente e se desintegra em μ, mas este vai em todas as direções, não forma um feixe colimado que chega às emulsões. Então na chapa há muito menos mésons μ do que mésons π. Para vê-los, temos de pegar algo que se desintegrou na direção certa.

De Bristol você foi diretamente para Berkeley?

Eu vim para São Paulo para me casar e aí fui para Berkeley.

O que determinou o sucesso em Berkeley, em 1948?

Primeiro, diminuir o papel preto em volta das emulsões. O papel era tanto que parava o méson. Acho que foi uma semana depois de eu chegar lá e estavam produzindo às pampas. Com o sucesso, eu fiz uns 15 seminários na América do Norte.

A produção artificial chamou mais a atenção do que a observação deles em raios cósmicos. Abriu um caminho novo para a física nuclear. Em Berkeley, fizeram um *show* porque o Lawrence [Ernest Orlando] tinha conseguido dinheiro da Fundação Rockefeller para fazer um eletroímã de quatro mil toneladas, mas ele não foi usado logo na produção de mésons, nem com o cíclotron. Foi usado como cálutron, para separar o Urânio 235 de Hiroshima. Só no fim da Guerra é que ele veio para o laboratório de Berkeley. Aí, em novembro de 1946, saiu o primeiro feixe e com o primeiro feixe saíram os primeiros mésons, só que eles não conseguiam vê-los. Então, em fevereiro de 1948, com a observação, o pessoal lá do Lawrence (era o Laboratório da Comissão de Energia Nuclear, e eu precisei de licença especial para trabalhar lá) fez um *show*, deu entrevista coletiva à imprensa, a notícia saiu em todos os jornais, em letras garrafais e tal. Saiu aqui no Brasil também, mas lá foi ainda maior. Quer dizer, isso que fizemos não foi mais importante que a descoberta. A mais importante é a primeira, que mostrou a existência. Mas esta chamou mais a atenção porque era o homem que produzia e não a natureza, e, daí por diante, você pôde trabalhar com mésons em condições controladas.

O trabalho que mostrou isso foi assinado por quem, por você e por Gardner?

Eu e o Gardner pelos mésons negativos e Gardner, Burfening e eu pelos positivos, que foram um pouco mais difíceis.

Gardner morreu logo depois. Pela descoberta, ganhei uma medalha Einstein da Academia Brasileira de Ciências, que eu doei para minha mulher. Uma medalha de ouro.

Aí você ficou em Berkeley, fez vários seminários pela América do Norte em razão dessa obtenção artificial...

Isso, de costa a costa. Ainda fiquei um ano em Berkeley. Eu saí por um tempo. Os mésons positivos só peguei depois de uns meses, e a fotoprodução de mésons, quer dizer, produção de mésons com raios gama, só em 1949, quando entrou em funcionamento o síncrotron do MacMillan [Edwin Mattison], um acelerador de elétrons de 300 MeV, que produz raios gama de 300 MeV. Isso já foi em fevereiro de 1949.

CÉSAR LATTES

Minha mulher tinha voltado para o Brasil, porque eu vim para cá para ser paraninfo de uma turma no Rio e pagaram a viagem, mas não pagaram a passagem para ela voltar aos Estados Unidos comigo. Ela então ficou e eu voltei, para terminar a bolsa da Rockefeller.

Havia possibilidade de permanecer nos EUA?

Sim. A oferta mais importante que tive foi de Harvard. Mas o camarada que escreveu não era de partículas elementares, era o Ramsey, que fez métodos para medir momento de quadripolo de núcleos e coisas desse tipo. Mas eu nem considerei o assunto. Nem sei se respondi, porque eu não tinha o menor interesse em ficar nos Estados Unidos. Eu sempre pensei em voltar para o Brasil e ajudar a melhorar o país. A mesma idéia do Leite Lopes e dos outros. Naquele tempo havia uma coisa esquisita que se chama patriotismo. Todo mundo que saiu na minha época sempre pensou em voltar para o Brasil, nunca pensou em ficar lá fora. A idéia otimista, romântica, era que precisávamos de mais gente preparada para ajudar o Brasil a sair do atraso.

Tendo passado nesses seminários por Chicago, você conheceu Fermi?

Conheci-o quando ele apareceu em Berkeley, no tempo do méson π. A mulher dele era uma simpatia. Ela nos convidou para almoçar ou jantar. O Fermi era um grande cientista e pequeno homem, com um jeitão de gângster. Estranho, não é? Ele morreu pouco antes de eu ir pela segunda vez à América do Norte. Herdei o grupo dele em Chicago, mas não dei orientação nenhuma. Só orientei um, que acabou ganhando o prêmio Nobel, o Friedman [Jerome Issac, Nobel de 1990, com Richard E. Taylor e Henry W. Kendall]. Mas isso já foi em minha segunda estada nos Estados Unidos, depois que saí do CBPF e fiquei dois anos em Chicago, encarregado do grupo de Fermi. Mas não dei palpite, salvo mesmo no caso do Friedman, que era para ver se era verdade que na desintegração π - μ - elétron havia uma anisotropia.

E depois de Chicago, houve mais algum convite? Você chegou a conhecer Szilard pessoalmente?

Leo Szilard queria que eu trabalhasse com ele, quando eu estava em Chicago, já deprimido. Mas ele estava em biofísica. Veio me convidar mais de uma vez. E daí eu fui para Minneapolis onde trabalhei de novo em raios cósmicos. Mas eu estava deprimido. Estou em depressão desde 1955. Vai e vem.

CÉSAR LATTES

E como foi sua volta ao Brasil, em 1949?

Levaram-me ao general Outra, muito simpático. Ele disse: "Você não devia voltar. Aqui não dá para se fazer essas coisas, não". Ele me pareceu uma pessoa honesta, bem-intencionada. E, na verdade, tudo aqui custa para fazer. Mas dá para fazer.

Quando fui para Bristol, me comissionaram depois de eu já ter ido. Depois, quando fui para a Califórnia, fui comissionado pela USP, ainda com a bolsa da Fundação Rockefeller. Mas já antes de ir para os Estados Unidos, quando passei rapidamente por São Paulo, o diretor da faculdade me perguntou se eu iria voltar para a faculdade e eu disse que não. O problema era o seguinte: por causa do esforço de guerra e sendo eu assistente do Wataghin, havia muito pouca possibilidade de eu conseguir verbas. Nós dividíamos uma sala, com uma mesa grande para o Wataghin e uma mesinha para mim. Então, a possibilidade de conseguir verbas para microscópios e tal ia ser baixa. Quando voltei, pedi demissão na USP e um mês depois saiu minha nomeação para catedrático interino de física nuclear e aplicada na Universidade do Brasil, que agora se chama Federal do Rio de Janeiro. Mas o salário era miserável e era para dar seis horas de aulas por semana. Na mesma época, enquanto eu estava na Califórnia pela segunda vez, tinham fundado o

CBPF e eu tinha sido eleito diretor científico. Então, quando voltei da América do Norte, passei uns dias em São Paulo e fui para o Rio e lá dei aulas na Faculdade de Filosofia e fui diretor científico do CBPF até 1955.

Havia possibilidade de pesquisa na universidade?

Na Universidade do Brasil, para pesquisas em raios cósmicos, não. Em física, só o Costa Ribeiro tinha uma sala com eletroscópio, microscópio etc., onde ele conseguiu fazer grandes coisas. E havia salas de aula.

Nessa época foram fundadas duas entidades importantes para a ciência brasileira: o CBPF e o CNPq.

O CBPF em 1949 e o CNPq em 1951.

Como foi a fundação do CBPF?

Quando eu estava em Berkeley, havia lá uma colônia brasileira razoável. Fizeram até uma festinha para mim. Existia até cônsul do Brasil em Berkeley. Nessa panelinha, havia o Nélson Lins de Barros, auxiliar de consulado em São Francisco. Ele era irmão do João Alberto Lins de Barros, uma figura histórica, o ministro João Alberto, que foi comandante de destacamento na Coluna Prestes, fez a Revolução de 30, foi interventor em São Paulo e

CÉSAR LATTES

fez a Fundação Brasil Central, para os índios. (Ele foi o primeiro a entrar em contato com os xavantes, usando um método meio malandro: ele passava de avião e jogava sacos de sal. Como os índios não conheciam sal, quiseram fazer amizade.) Ele foi ministro da cooperação econômica durante a Guerra e era então uma figura politicamente importante. Mas estava no ocaso. Eu disse para o Nélson, "Seu irmão roubou tanto" – se bem que a verdade é que tinham mania de dizer que ele era ladrão, mas não era; morreu pobre. "Se seu irmão roubou tanto, por que ele não devolve um pouco, fazendo um centro de pesquisas físicas?" O Nélson veio passar férias no Brasil, eu vim para ser paraninfo e ele me levou ao João Alberto. Este disse "Vamos fazer o centro", e convocou uma assembléia geral, que foi feita quando eu já estava de volta aos Estados Unidos. Foi feito o estatuto, bom, ainda hoje o melhor, feita uma assembléia de fundação, uma ata, e tudo começou em um escritório do próprio João Alberto na rua Pedro Lessa, no Rio. Quando voltei, alugamos um andar, o 20°, na rua Álvaro Alvim.

Depois, fomos ao Mário de Almeida, que era o dono do Banco do Comércio. Ele nos recebeu naquelas mesas de contador, altas, usando elásticos nos ombros. "O que vocês querem?" Explicamos e ele disse: "Está bem, é para o prédio, não é?". "É." "Quinhentos contos de réis numa conta vinculada. Vocês podem tirar 100 por mês." "Muito obrigado." E foi tudo. Se você for lá, no pavilhão menor, vai ver que existe uma placa "Mário de Almeida". Com os 500 contos, fizemos o prédio, o galpão, e nos mudamos para lá. Mas só com o Getúlio é que veio o dinheiro para a tranqüilidade. Pudemos pagar salários praticamente iguais aos da USP, comprar equipamentos e tal.

Por que um banqueiro deu dinheiro para um grupo de físicos?

Sei lá. O que importa é que ele deu. Chegou um momento que, sem ainda um conselho de pesquisas [o CNPq seria fundado em 1951], quem estava agüentando o Centro de Pesquisas Físicas nos primeiros meses era o João Alberto Lins de Barros, com o dinheiro dele, vindo de seu cargo como ministro de primeira classe das Relações Exteriores, 30 contos por mês. Mas ele não era rico, teve um ataque do coração e essa fonte acabou. O Mário de Almeida deu dinheiro do banco, mas, para manutenção – para pagar o aluguel e os salários –, era o do João Alberto. Aí veio a história do vereador Paes Leme, amigo de João Alberto, ex-presidente da UNE, que falava toda noite na Rádio Continental contra o presidente da Confederação das Indústrias, Euvaldo Lodi, pedindo que ele prestasse contas de verbas do Sesi. Um dia, ele me levou ao Lodi, sem dizer nada, e lhe disse que era preciso me dar dinheiro através da Confederação. Ele nos recebeu dizendo ao Paes Leme: "Você precisa parar!". Por fim, disse: "Cem contos por mês. Pode passar todo fim do mês". E ainda disse: "Mas eu levo o Lattes para casa". Ele me levou em seu carro e, na despedida, disse: "Posso confiar no Paes Leme?". Respondi que não sabia. Eu não tinha a menor idéia de que ele tinha ido fazer chantagem. Lodi então disse: "Está bom, pode passar lá no fim do mês". E aí, todo fim do mês eu passava lá e não adiantava querer assinar recibo, pois não havia nada para assinar. E eu querendo assinar... Eu soube depois, aqui em casa, há uns dez anos, que se tratava de verba secreta de combate ao comunismo. Quem me contou isso foi o Rômulo de Almeida, que era economista da Confederação das Indústrias.

Por quanto tempo essa verba secreta entrou no CBPF?

De 1949 até o Lodi morrer. Agüentamos três anos com esses 100 contos por mês.

E quanto ao CNPq?

Ele apareceu em 1951. Não sei como, mas o filho do Getúlio, Lutero Vargas, médico, me disse que eu precisava falar com seu pai. E o Getúlio quis saber mais ou menos como é que era esse negócio de bomba atômica e tal. E depois disse: "Bom, o que é que você precisa lá para o seu centro particular?". O CBPF é mesmo particular e, quando eu disse isso, Getúlio respondeu: "Mantenha particular, por causa do Dasp – Departamento Administrativo do Serviço Público. Se vocês o colocarem no governo, o Dasp vai infernizar a vida de vocês". Ele quis saber do que precisávamos. Eu falei que estávamos vivendo com 100 contos por mês, da Confederação das Indústrias, do Sesi. O Getúlio deve ter decuplicado isso. Ele disse: "Pode deixar, amanhã eu vou dar posse para vocês todos e vou falar com o Álvaro Alberto". E, de fato, na primeira sessão do Conselho, Álvaro Alberto fez passar isso a muque, porque havia lá uns gaúchos que não estavam entendendo. O Álvaro Alberto recebeu a ordem e aí o centro pôde se expandir. Álvaro Alberto foi o primeiro presidente do CNPq. Agora, do CBPF, ele foi o primeiro vice-presidente.

Como foi esse seu encontro com Getúlio Vargas?

O filho dele me levou e eu fiquei lá mais de uma hora. O Getúlio era um gozador. Ele, com aquele charuto, lá em Petrópolis, ao ar livre. O Álvaro Alberto foi apresentando e cantando as virtudes de todos. Aí chegou a vez de um gaúcho, veterinário, e o Álvaro Alberto disse: "Presidente, este é o...", nem me lembro o nome dele, barbudo, "que fez a vacina contra a aftosa, legitimamente brasileira". E aí o Getúlio disse: "Fúú. Conheço. Vacinei meu gado. Fúú. Morreu tudo. Quá quá quá...". No dia seguinte, encontrei-o novamente, na posse do conselho. Foi só.

Quem era a primeira turma do CBPF? Você era o diretor científico?

Diretor científico e professor titular, uma carreira que eu criei: professor titular, associado e assistente, e bolsistas. O pessoal científico inicial era o Leite Lopes, o Leopoldo Nachbin de matemática, Maria Laura... Na época, Leite Lopes e o Tiomno estavam em Princeton. Quando voltaram, já viraram professores titulares, com o salário que dava. Jacques Danon veio depois. Tinha o Gabriel Emiliano de Almeida Fialho, mas esse já era professor associado. Tinha o Hervásio Guimarães de Carvalho, professor titular. Nós tínhamos um acordo chamado "salário-teto": quem desse aula na universidade, como eu, tinha um desconto no salário do CBPF, de forma que todos tinham um teto.

Você teve alguma participação direta na fundação do CNPq?

O Álvaro Alberto tinha sido o representante do Brasil na Comissão Internacional de Energia Atômica nas Nações Unidas, ainda como capitão-de-mar-e-guerra, antes de ser almirante. Isso porque ele tinha uma fábrica de explosivos e entendia disso. Era também membro da Academia de Ciências. Ele se interessou e começou a querer fazer o Conselho de Pesquisas antes mesmo de 1949, mas não conseguiu nada. Os senadores e deputados só o enrolavam. Depois da produção artificial de mésons, o Álvaro Alberto e o Carneiro Felippe aproveitaram o alarde e deu para passar. Mas ele só saiu em 1951. Foram mais de dois anos. O Álvaro Alberto deve ter trabalhado os deputados e senadores por uns quatro anos.

Como eram as atividades no CBPF?

Alguns dos cursos da faculdade eram dados, por entendimento verbal, no CBPF, e havia seminários. No primeiro ano, vieram o Richard Feynman e a Cecille Morette e lá deram aulas.

Esses convidados faziam também pesquisa?

O Feynman fez um trabalho com o Leite Lopes. A Morette não chegou a fazer pesquisa. E vieram muitos outros estrangeiros, mas sempre por períodos relativamente curtos.

E aí você ficou na antiga Universidade do Brasil e no CBPF até 1955.

Em 1955, recebi um convite de H. Anderson, da Universidade de Chicago, para ir trabalhar lá. Fui como pesquisador-associado. E me caiu nas mãos o pessoal de emulsões nucleares que, por determinação do Fermi, não usava microscopistas, o que acho um erro. Imagine gente que está tirando o Ph.D fazendo trabalho de rotina de microscopista.

E como foi sua volta ao Rio, depois de ter estado em Chicago?

De Minneapolis, voltei para o Rio, mas não estava bem de saúde. O Centro não estava bem e queriam fechá-lo. Praticamente a única coisa que fiz foi contratar o Jacques Danon, que também era acusado de comunismo. Mas a coisa já tinha acalmado e o pessoal do Conselho de Segurança já não estava mais no CNPq. Contratar o Danon foi uma coisa boa. Mas aí me ofereceram para assumir a cadeira de Física Superior em São Paulo, que era o único lugar na época com prédio, equipamento e verbas. O conselho técnico e científico do CBPF aprovou. Eu ficaria metade do tempo no Rio e metade em São Paulo. Marcelo Schein, da Universidade de Chicago, tinha exposto emulsões em balão, a 30 km de altura, e propôs que eu ficasse com 20% delas. Isso foi em 1960. Eu ia e voltava para o Rio. Mas a única maneira de ter dinheiro suficiente para criar as filhas era com o salário de São Paulo.

Porque o salário do CBPF era baixo...

Era baixo e podia terminar. Atrasava e podia terminar. Aí, pus para andar o grupo de emulsões da USP. Fizemos o trabalho com as emulsões dos balões e, numa conferência internacional de raios cósmicos no Japão, nos reunimos numa mesa, o Occhialini, o Fujimoto, o professor Taketani, que é o papa da física teórica japonesa, e arrumamos para fazer a colaboração Brasil-Japão sobre raios cósmicos, que começou em 1962 e continua até hoje. É um acordo que funciona muito bem, mas nada está por escrito, nada é preto no branco. É financiado, no Brasil, com verbas do CNPq, da Fapesp, da Comissão de Energia Nuclear. E lá existem os equivalentes.

Essa colaboração se materializa em quê?

Virem pesquisadores japoneses para São Paulo, para ficarem um ano mais ou menos; irem brasileiros para o Japão e expor em comum chapas em Chacaltaya.

Você ainda participa de alguma atividade dessa colaboração?

O chefe aqui no Brasil, Edison Shibuia, aparece aqui em casa duas vezes por mês. Os japoneses sempre que vêm aparecem e, agora, o Fujimoto deve vir

CÉSAR LATTES

passar um ano no CBPF. Quero ver se o Fujimoto consegue chamar alunos. Existe um grupo em Niterói, mas é fraco, praticamente só teoria.

Como você foi para a Unicamp?

Em 1964, assisti a um discurso do Jango. Eu tinha uma bolsa para ir trabalhar na Itália e, então, tirei meu passaporte. Eu me interessei, em 1960, pelo seguinte problema: as "constantes" da física e a "idade" do universo. Eu acho que elas variam com a idade do universo e, para fazer uma pesquisa empírica, eu precisaria ir a Pisa, onde existia um laboratório de geologia nuclear, com vários métodos de datação: emissão beta positiva, emissão beta negativa, captura K de elétrons e emissão alfa. Fui para lá para ver se, usando esses vários métodos, conseguiria mostrar que eles não eram concordantes, porque as constantes mudavam de maneira diferente com a idade do universo. E, enquanto estive lá, pus para funcionar um método de datação por fissão espontânea do urânio, que é muito bom. Ainda é uma questão em aberto e eu continuo acreditando que as constantes da física mudam com a idade do universo. Voltando ao assunto, vendo o discurso do Jango, arranjei um passaporte, fui para o Rio, pedi à minha mulher para conseguir visto para a Itália, reservei hotel e passagem e tentei ir

DESCOBRINDO A ESTRUTURA DO UNIVERSO

para o aeroporto, mas o táxi não ia lá. Fui então na carona de um caminhão, quando os tanques estavam entrando na cidade. Perguntei ao sargento de um tanque: "Contra quem?". Ele respondeu: "Não sabemos ainda". Bom, eu caí fora. Custou convencer os italianos que eu não era refugiado político, pois de fato não tinham feito nada contra mim, não é mesmo? Mas o Schenberg já estava preso. Ele era filiado ao PC, mas eles não fizeram muita distinção. Teve gente que não tinha nada a ver com o PC, mas foi presa só por ser amiga do Schenberg. Passei um ano em Pisa. Vim duas vezes por causa do Schenberg, para livrá-lo da cadeia, porque ele fugiu e, depois, era preciso convencer a justiça a liberá-lo. Não foi difícil. Com esse propósito, estivemos Fernando de Azevedo e eu conversando com um juiz que nos disse: "Diga para o professor Schenberg que se quiser um lugar seguro para se esconder, a minha casa está às ordens".

E você ficou 1964 e um pouco de 1965 em Pisa.

Isso. Depois eu voltei, mas não estava bem, estava ainda deprimido. Passei por rodos esses métodos para antidepressão, desde o antidepressor quími-co até psicanálise, psicanálise existencial, psico "não sei o quê", eletrochoque, insulina, cardiosol, todas essas porcarias, até que me enchi e disse: "Não vou mais atrás de médico, eu vou cuidar de mim mesmo". O Centro ia fechar, o Conselho ia diminuir as verbas e eu tinha quatro filhas para criar. Nós já tínhamos aquele convênio pelo qual eu ficava no Rio e em São Paulo, mas vi que em São Paulo não dava. Fui falar com o Damy, que era o encarregado do Instituto de Física da Unicamp e ele falou com o Zeferino Vaz, que preparou um ofício para a USP e esta me transferiu. E cá estou desde setembro de 1967. Zeferino Vaz sabia o que era ciência. Mas foi graças ao Damy que vim para cá.

Havia um setor de raios cósmicos na época?

Eu simplesmente resolvi que, como se dedicava a raios cósmicos e cronologia, iria se chamar Departamento de Raios Cósmicos e Geocronologia. Nem sei se o Zeferino chegou a criá-lo, mas está aí, no organograma, e não sei direito como foi. Sei que foi de fato.

Nesse período na Unicamp, de 1967 a 1986, qual foi a sua linha principal de trabalho?

Colaboração Brasil-Japão e datação por fissão espontânea do urânio. Essa datação tem a ver com meu interesse na questão de as leis da física – e física em grego quer dizer natureza – mudarem com a passagem do tempo universal. Em 1937, P. A. M.

[Paul Adrien Maurice] Dirac, o mesmo que inventou a antimatéria, que deu a equação relativista para as partículas carregadas, principalmente para os elétrons, escreveu um trabalho sobre isso. Ele se baseou somente em coincidências numéricas, a saber: a interação gravitacional entre dois elétrons é aproximadamente 10^{40} vezes a interação eletromagnética. Você não vai conseguir deduzir isso do fato de que o espaço tem três dimensões e o tempo, uma. Não vai conseguir. Dizem que a idade do Universo é mais ou menos 18 bilhões de anos (Hubble). Agora, parece que baixaram para 14, mas eu não vi o trabalho, só vi notícia em jornal brasileiro. Esses 18 bilhões de anos expressos em segundos, vamos dizer 20 bilhões de anos, são 2×10^{10} anos e um ano tem 3×10^{7} segundos, dá 6×10^{17} segundos.

Existe um sistema de unidades chamado Sistema de Planck. Tal sistema é baseado na constante de gravitação, na velocidade da luz e no quantum de ação de Planck, que foi o primeiro a chamar a atenção para isso. Sua unidade de massa é da ordem de 10^{-4} g; a de comprimento, da ordem de 10^{-33} cm, e a de tempo, da ordem de 10^{-43} segundos. E 17 com 43 dá 60. Então, essa constante de Hubble é 10^{60} unidades fundamentais. O cubo do raio clássico do elétron, em unidades Planck, também dá 10^{60}. Assim,

CÉSAR LATTES

há uma maneira, de certa forma, de deduzir que o raio clássico do elétron, em unidades Planck, é a raiz cúbica da idade do Universo em unidades Planck. Então, nessas unidades, a massa do elétron está diminuindo. Inicialmente, era igual à massa de Planck, mas agora é 10^{23} vezes menor: é da ordem da raiz cúbica da idade do Universo.

Por outro lado, a interação eletromagnética – que é efetivamente dada pelo quantum de carga, que é a carga do elétron e do próton – é "2 x carga do elétron ao quadrado sobre h x c". Isso dá $1/137$ e se chama Constante de Estrutura Fina. E o logaritmo natural da idade do Universo, em unidades Planck naturais, é 138. A gente fica cismado. De onde explicar esse "137"? Não tem explicação. Mas se a gente supuser que isso varia com a unidade do Universo, essa é simplesmente uma medida logarítmica da idade do Universo, enquanto 10^{60} é a medida linear dessa idade, em unidades Planck.

Portanto, acredito que as constantes da física mudam com a idade do Universo, o que não dá para deduzir de coisas fundamentais, como as três dimensões do espaço e um tempo. Não dá. Elas parecem estar relacionadas numericamente com a idade do Universo expressa em unidades Planck. Agora, para mostrar isso empiricamente, ou se estudam os eclipses ou se fazem datações usando quatro métodos diferentes, para ver se elas coincidem. Não é fácil, quer dizer, não é só pegar e fazer medidas em um laboratório. É preciso ir com calma e ver como fazer para eliminar ao máximo do método de medida os efeitos não-cosmológicos.

Se leis e constantes variam com a idade do universo, não haveria uma lei geral do Universo, que abarcaria essas variações? Não iríamos para um outro patamar à procura de uma lei, esta, sim, constante?

Você sabe que a ciência não pode explicar tudo. Você deve fazer postulados e então deduzir. E os postulados têm de ser baseados em fatos empíricos. Isso foi o que Galileu mostrou e Newton mais ainda. Então, por que variam dessa forma com a idade do Universo? É um fato empírico. Qual é a razão? Não sei se a razão disso pode ser alcançada pela ciência. Não sei. Vou ter de pensar mais.

E quando foi sua aposentadoria?

Aqui foi a primeira, em 1986. Eu estava com 62 anos e tinha 42 de serviço, pois comecei a trabalhar em 1944. Depois, aposentei-me pela Universidade Federal do Rio de Janeiro, em 1989, e, finalmente, em 1994, peguei a compulsória pelo CBPF.

E depois de sua aposentadoria, nestes últimos 13 anos?

Organizei um grupo em Cuiabá. Trouxe o Takao Tati, que fez a renormalização da eletrodinâmica quântica. Ele assinou o trabalho com Shin'ichiro Tomonaga, e o Tomonaga, o Feynman e o Schwinger [Julian] ganharam o prêmio Nobel. Ele passou um ano em Cuiabá dando cursos.

E esse grupo de Cuiabá está ativo?

Não. Chegou a começar, mas não está ativo. Mas, em todo caso, deixou gente lá com idéia de o que seja fazer pesquisa. Dei uma ajuda em Bauru também. Não tenho atualmente um programa organizado. É aleatório. O que eu faço é conferências, seminários... Sempre aparecem aqui professores da Unicamp para falar sobre física e pedir conselhos.

Você poderia falar um pouco sobre as pesquisas, observações, teorias, constatações acerca das "bolas de fogo"?

O que há é o seguinte: quem primeiro falou em bolas de fogo foi o Cocconi, um físico italiano que não é nem experimental nem teórico. Ele inventou as bolas de fogo. Mas os primeiros a falar nisso foram os poloneses, explorando jatos. Jatos acontecem quando um raio cósmico de energia muito alta bate em alguma coisa, o que leva a uma produção múltipla de mésons. Esses pesquisadores acharam que não acontecia uma distribuição contínua e bem suave. Viram picos e então inventaram as bolas de fogo. Mas não usaram esse nome, que foi dado de fato pelo Cocconi, olhando para fenômenos produzidos em laboratório e para emulsões expostas em balões. Os tais picos não são bem claros, mas dá para perceber que alguma coisa está lá. Seria preciso uma estatística grande e um bom método para analisar tudo. Depois dessas observações, chamamos as pequenas de mirim, as médias, de açu e as grandes, de guaçu. E foi isso, a minha contribuição foi simplesmente dar esses nomes. Os japoneses é que são doidos por bolas de fogo.

Não é então algo estabilizado entre os físicos. Que novidades podem vir?

Pode haver novidades importantes, mas seria preciso mais gente trabalhando no assunto. Na realidade, praticamente só trabalham nisso a colaboração Brasil-Japão e a colaboração entre Rússia, Polônia e talvez Geórgia. As bolas de fogo são uma coisa fenomenológica. É apenas uma maneira de descrever o que você vê, mas isso não quer dizer que o conceito esteja claro. Parece que a distribuição de energia é a que seria obtida pela termodinâmica estatística. Parece, mas não foi feito um estudo bem detalhado do ponto de vista estatístico, seja para os três tipos seja para o que chamam Centauro, que tem a mesma massa da guaçu, mas composição diferente.

A produção maior permitiria um estudo melhor. Quantos casos estão descritos?

De Centauro, dois. Um garantido, um bem bom e outros cinco ou seis marginais.

Por que é tão raro? A energia é alta?

Muito alta e nunca foi detectado em aceleradores.

A única saída é mesmo observá-los em raios cósmicos?

É. Tem alguns camaradas, gente boa, que dizem que se trata de alguma coisa que vem de fora da Terra e já chega aqui como Centauro. A interação não seria centáurica, mas sim um novo tipo de partícula. Eu não acredito. Mas tem gente boa dizendo isso.

Vêm por aí mais "partículas elementares"?

Cada vez menos elementares, não é?

Falamos muito de sua carreira como pesquisador, embora, no início, você tenha diferenciado físicos e professores e tenha se definido como professor. E como foi seu trabalho como professor?

Como professor, se você for olhar para o livro de ponto, fui péssimo. Em São Paulo, quando era assistente, dei até curso de relatividade, em que não acredito. Em São Paulo, eu dava cursos e fiz muitos seminários, mas cursos mesmo dei um no Rio e dois aqui em Campinas. Cursos mesmo, tenho a impressão que, se dei dez em minha vida, foi muito.

De graduação?

Sempre de graduação. Mas isso não significa que eu não seja professor, porque procuro ensinar sempre. Eu ensino subliminarmente, sabe o que quer dizer isso? Muitas vezes, apenas fazendo perguntas. É o método de Sócrates para ensinar as pessoas.

E essas poucas aulas, foi por falta de oportunidade ou de convicção?

Veja, em Bristol não tinha sentido dar cursos, pois era pesquisador associado. Em Berkeley, era professor associado. Já aí você tira três anos. Em Chicago, pesquisador associado, são cinco anos. Em Minneapolis, pesquisador associado, são seis. Em Pisa, pesquisador associado, são oito. Então, de oito a dez anos, eu estava contratado só para fazer pesquisa. Estava comissionado como professor. Seminários eu dei muitos, em qualquer canto. Então, de 40 anos, em dez não havia motivo para eu dar aulas,

CÉSAR LATTES

porque eu estava com outra função. Por uns dez anos, dei cursos mesmo e, no resto, simplesmente supervisionava. Quando designava alguém para dar aulas, eu assistia a elas e intervinha, mas não era eu quem falava de cátedra.

Em sua avaliação, como é a pesquisa em física no Brasil hoje?

Acho que está fraca. Esse sistema de graduação, pós--graduação, mestrado, doutorado, pós-doutorado é uma maneira de tirar a criatividade dos jovens brasileiros. Esses nomes importantes, como Bohr, Dirac, Heisenberg tiveram suas grandes idéias com vinte e poucos anos. Aqui, o sujeito se forma com que idade? Com 22, 23. Mais dois ou três para mestrado, 25, 26. Mais dois ou três para doutorado, está com 30. Já está com família, com encargos e coisa e tal e provavelmente não só ajuda como ele mesmo lava os pratos e muda as fraldas dos nenês. Mas se nós fizermos física, vamos chamá-la pura, desculpando o termo, iremos descobrindo as leis da natureza e criando cérebros pensantes, capazes de fazer pesquisa e de ensinar. E eles vão ser úteis nas emergências. Por exemplo, o reator atômico não foi feito por engenheiros. Foram Fermi e Szilard, um físico e um químico. Na bomba atômica, o chefão era o Oppenheimer, um físico teórico, e o chefão do chefão era o Compton, o que descobriu o efeito

Compton, um físico experimental. Tinha um general lá, mas não mandava nada. Então, você vê que, na emergência, o físico pode dar uma mão, assim como o biólogo pode também. Mas o biólogo não deve fazer pesquisa para a Brahma ou Antárctica. Isso eles que façam.

DESCOBRINDO A ESTRUTURA DO UNIVERSO

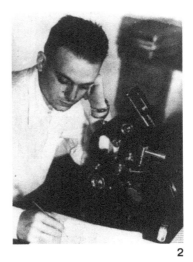

1 César Lattes aos três anos de idade, em 1927, em Curitiba.

2 César Lattes faz anotações ao lado do microscópio óptico que usava para analisar emulsões nucleares.

3 Lattes acena da porta de um avião da Panair, em 1948, ano em que participou da produção artificial de mésons.

4 Da esquerda para a direita: José Leite Lopes, Hideki Yukawa, senhora C. Möller, C. Möller, César Lattes, Hervásio de Carvalho, Walter Schützer e Carmita Leite Lopes (esposa de José Leite Lopes), em Princeton (EUA), em 1949.

5 Atrás, da esquerda para a direita, Walter Schützer, Hideki Yukawa e César Lattes; na frente, da esquerda para a direita, Jayme Tiomno, José Leite Lopes e Hervásio de Carvalho, em Princeton (EUA), em 1949.

DESCOBRINDO A ESTRUTURA DO UNIVERSO

6 *"Torre do Cigarro", como é conhecido o Royal Fort, em Bristol (Inglaterra), onde Lattes trabalhou em 1947.*

7 *Pub Robin Hood, ao lado do Royal Fort, freqüentado por Lattes e outros cientistas do H. H. Wills.*

8 *Vista atual do H. H. Wills Laboratory, em Bristol (Inglaterra). O Royal Fort fica atrás desse prédio.*

9 Caixas de placas com emulsões nucleares fabricadas pelas empresas Ilford e Kodak, nos anos 40.

10 Páginas do caderno de laboratório usado por César Lattes, em 1947, hoje na Wills Memorial Library.

11 Capa do caderno de laboratório usado por César Lattes, em 1947. É o único documento de Lattes nessa biblioteca.

DESCOBRINDO A ESTRUTURA DO UNIVERSO

12 *César Lattes faz pose para jornais, logo depois da produção artificial de mésons, em 1948.*

13 *O físico Gleb Wataghin e sua esposa Caterina, em visita ao Brasil, na década de 1970.*

14 César Lattes autografa o livro "César Lattes, a descoberta do méson π e outras histórias", no CBPF, Rio de Janeiro, em 1999.

15 César Lattes nos Andes bolivianos, a caminho de Chacaltaya, sem data.

DESCOBRINDO A ESTRUTURA DO UNIVERSO

16 *Visita de Giuseppe Occhialini ao CNPq, em novembro de 1953. Da esquerda para a direita, Armando Dubois Ferreira, César Lattes, Giuseppe Occhialini e Joaquim Costa Ribeiro.*

17 *César Lattes dá aula sobre experimentos acerca da Teoria da Relatividade, em 1980.*

Cronologia

1924   Nascimento, em 11 de julho, em Curitiba.

1934   Mudança para São Paulo, para cursar o secundário no Instituto Médio Dante Alighieri.

1939   Ingresso no Departamento de Física da Faculdade de Filosofia, Ciências e Letras da Universidade de São Paulo (USP).

1943   Forma-se bacharel em Física.

1947   Participa do grupo de pesquisa em Bristol (Inglaterra) que descobre o méson π.

1948   Detecta mésons π produzidos artificialmente, com Eugene Gardner, em Berkeley (EUA).

1949   Participa da criação do Centro Brasileiro de Pesquisas Físicas – CBPF, no Rio de Janeiro.

1955   Torna-se professor associado da Universidade de Chicago (EUA).

1960   Torna-se professor catedrático na Universidade de São Paulo (USP).

1962   Funda, com Occhialini, Fujimoto e Taketani, a colaboração Brasil-Japão sobre raios cósmicos.

1964   Inicia pesquisa sobre valores das constantes universais, na Universidade de Pisa (Itália).

1967   Torna-se professor da Universidade Estadual de Campinas (Unicamp).

1986   Aposenta-se pela Universidade Estadual de Campinas (Unicamp).

Bibliografia

Preparada a partir do memorial do professor César Lattes

ANDERSON, H. L., LATTES, C. M. G. Search for the electronic decay of positive pion. *Il Nuovo Cimento*, v.6, n.6, p.1356-81, 1957.

ARIAS, C., LATTES, C. M. G. et al. Fission trach dating in Archaelogy: an useful aplication. Trabalho convidado. In: SYMPOSIUM ON SCIENTIFIC METHODOLOGIES APPLIED TO WORKS ART, 1984, Firenze. *Proceedings...*, Milano: Montedison, 1986. p.151-9.

ARIAS, C., LATTES, C. M. G. et al. Identificação da proveniência de manufaturados de obsidianas através da datação com o método do traço de fissão. *Ciência e Cultura*, v.38, n.2, p.285-308, 1986.

BERNARDES, C., LATTES, C. M. G. et al. Fission track dating on glass from "Flysch della Laga" formation: a very interesting and problematic application. In: INTERNATIONAL CONFERENCE ON SOLID STATE NUCLEAR TRACK DETECTORS, XIII, set. 1985, Roma. Publicado em *Nuclear Tracks*, v.12, n.1-6, p.901-4, 1986.

BERNARDES, C., LATTES, C. M. G. e al. Fission track dating of volcanic glass: experimental evidence of the validity of the size-correction method. *Revista Brasileira de Física Aplicada Instrumentação*, v.1, n.3, p.288-310, 1986.

BIGAZZI, G., CIOCHETTI, E. M., HADLER, J. C., LATTES, C. M. G., SERRA, D. A. B. Osservazione sull'anisotropia nella registrasione di fissioni di uranio in muscovite. *Rend. Soc. It. Min. Petr.*, v.XXXII, p.119-27, 1976.

BIGAZZI, G., HADLER, J. C., LATTES, C. M. G., MARQUES, M. D., SERRA, D. A. B. Measurement of the disintegration constant of U for spontaneous fission. *Track Dating*, Workshop, Pisa, 1980.

BURFENING, J., GARDNER, E., LATTES, C. M. G. Positive mesons produced by the 184-inch Berkeley cyclotron. *Physical Review*, v.75, n.3, p.382-7, 1949.

FOWLER, P. H., FREIER, P. S., LATTES, C. M. G., NEY, E. P., ST. LORANT, S. J. Angular correlation in the π-μ-e decay of cosmic ray mesons. *Il Nuovo Cimento*, v.6, n.1, p.63-8, 1957.

FOWLER, P., FREIER, P. S., LATTES, C. M. G., NEY, E. P., PERKINS, D. H. A cosmic ray jet in the 10 eV energy range. Apresentado na VARENNA INTERNATIONAL CONFERENCE ON COSMIC RADIATION, jun. 1957.

GARDNER, E., LATTES, C. M. G. Production of mesons by the 184-inch Berkeley cyclotron. *Science*, n.107, p.270-1, 1948.

HADLER, J. C., LATTES, C. M. G., MARQUES, A., DIVANILDE, M., MARQUES, D. Anomalous tracks observed in Uranium loaded nuclear emulsions. *Nuclear Instruments and Methods*, n.172, p.587-9, 1980.

LATTES, C. M. G., CUER, P. Radioactivity of Samarium. *Nature*, n.158, p.197-8, 1946.

LATTES, C. M. G., FOWLER, P. H., CUER, P. Range-energy relation for protons and a-particles in the new Ilford "nuclear research" emulsions. *Nature*, n.159, p.301-2, 1947.

LATTES, C. M. G., FOWLER, P H., CUER, P. A study of the nuclear transmutations of light elements by the photographic method. *Proc. Physics Soc.*, v.59, n.5, p.883-900, 1947.

LATTES, C. M. G., FREIER, P. S. Angular correlation between pions and muons measured in nuclear emulsions. In: PADOVA CONFERENCE, 1957. *Proceedings...*, v.5, p.17.

LATTES, C. M. G., FUJIMOTO, Y., HASEGAWA. S. Hadronic interaction of high energy cosmic-ray observed by emulsion chambers. *Phys. Rep.*, v.65, n.3, p.152-229, 1980.

LATTES, C. M. G., MANTOVANI, M. S. Analysis of Bristol-Bombaim data on nuclear interaction produced by primary c.r. of Se y > 1 TeV. In: INTERAMERICAN SEMINAR ON COSMIC RAYS, VI, jul. 1970, La Paz. *Proceedings...*, v.40, p.623-6.

LATTES, C. M. G., MUIRHEAD, H., OCCHIALINI, G. P. S., POWELL, C. F. Processes involving charged mesons. *Nature*, n.159, p.694-7, 1947.

LATTES, C. M. G., OCCHIALINI, G. P. S. Determination of the energy and momentum of fast neutrons in cosmic rays. *Nature*, n.159, p.331-2, 1947.

LATTES, C. M. G., OCCHIALINI, G. P. S., POWELL, C. F. Observation on the tracks of slow mesons in photografic emulsion. *Nature*, n.160, p.486-92, 1947.

LATTES, C. M. G., OCCHIALINI, G. P. S., POWELL, C. F. A determination of the ratio of the masses of p-and π-mesons by the method of grain-counting. *Proc. Royal Phys. Soc.*, v.61, n.2, p.173-83, 1948.

LATTES, C. M. G., SAMUEL, E. G., CUER, P. Radioatividade do Samário, utilização da placa fotográfica para a determinação de baixas concentrações de material radioativo. *Anais da Academia Brasileira de Ciências*, v.19, n.1, p.1-15, 1947.

LATTES, C. M. G., SCHÖNBERG, M., SCHÜTZER, W. Classical theory of charged point-particles with dipole moments. *Anais da Academia Brasileira de Ciências*, v.19, n.3, p.193-245, 1947.

LATTES, C. M. G., WATAGHIN, G. Estatística de partículas e núcleons e sua relação com o problema de abundância dos elementos. *An. Acad. Bras. Ci.*, v.4, n.17, p.269, 1945.

LATTES, C. M. G., WATAGHIN, G. On the abundance of nuclei in the universe. *Physical Review*, n.69, p.237, 1946.

ICEF Group

High energy interaction in the ICEF collaboration. *J. Physics Soc. Japan Suppl.*, v.17, n.A-111, p.399. (INTERNATIONAL CONFERENCE ON COSMIC-RAYS, 1961, Kyoto. *Proceedings...*, 1962.)

High-energy nuclear interactions from the international cooperative emulsion flight. *Il Nuovo Cimento. Suppl.*, v.1, n.4, p.1039-90, 1963.

Colaboração Brasil-Japão

A new type of nuclear interaction in a 10 eV region. In: INTERNATIONAL CONFERENCE ON HIGH ENERGY PHYSICS, Tokyo, Japan, ago. 1978. *Proceedings...*

A new type of nuclear interaction in the e y > 10 eV region. In: TOPICAL CONFERENCE ON COSMIC-RAYS AND PARTICLE PHYSICS ABOVE 10 TeV, 1978, Delaware. *Proceedings...* Ed. American Institute of Physics, Oct. 1978; Conference Paper n.49, Section Particles and Fields Subseries, n.16, p.317; também em INTERNATIONAL COSMIC-RAY CONFERENCE, XVI, Kyoto, Japan, 1979. *Proceedings...*, v.6, HE 3.47, p.356.

A systematic survey of exotic type target interactions in Chacaltaya two-storey chambers. In: INTERNATIONAL COSMIC-RAY CONFERENCE, XX, 1987, Moscow. *Proceedings...*, v.5, p.214.

Altitude variation of high energy cosmic-ray and exotic phenomena. In: INTERNATIONAL COSMIC-RAY CONFERENCE, XXI, 1990, Adelaide. *Proceedings...*, v.10.

Análise das interações nucleares ocorridas na atmosfera a uma altura menor que 1.000 m em Chacaltaya. REUNIÃO ANUAL DA SBPC, XXII, 1970, Salvador (BA).

Analysis of highest energy events observed by Chacaltaya emulsion chambers. In: INTERNATIONAL COSMIC-RAY CONFERENCE, XXI, 1990, Adelaide. *Proceedings...*, v.8, p.255.

Analysis of the high energy jet showers III. Analysis of experimental data. *Progr. Theor. Phys.*, Kyoto, Suppl. n.33, p.134-42, 1965.

CÉSAR LATTES

Atmospheric phenomena of extremely high energy cosmic-ray components. In: INTERNATIONAL COSMIC-RAY CONFERENCE, XIII, 1973, Denver. *Proceedings...*, v.4, AS 613, p.2671.

Atmospheric phenomena of high energy cosmic-rays at mt. Chacaltaya. In: INTERNATIONAL COSMIC-RAY CONFERENCE, XIV, 1975, Munich. *Proceedings...*, v.7, HE 3.24, p.2387.

Baryon pair production with large decay q-value. In: TOPICAL CONFERENCE ON COSMIC RAYS AND PARTICLE PHYSICS ABOVE 10 TeV, 1978, Delaware. *Proceedings...*, Ed. American Institute of Physics Conference Paper, n.49, Particle and Field Subseries, out. 1978, v.16, p.145. Versão atualizada em: INTERNATIONAL COSMIC-RAY CONFERENCE, XVI, 1979, Kyoto. *Proceedings...*, v.6, HE 3-46, p.350.

Centauro and related phenomena. In: INTERNATIONAL COSMIC-RAY CONFERENCE, XVII, 1981, Paris. *Proceedings...*, v.11, p.100.

Centauros. Report of Science and Engineering Research Laboratory. Waseda University, Tokyo, 1982; também em WORKSHOP ON COSMIC RAYS INTERACTIONS AND HIGH ENERGY RESULTS, 1982, Rio de Janeiro, CBPF. *Proceedings...*, p.42.

Chacaltaya emulsion chamber experiment. *Suppl. Progress Theor. Phys.*, n.47, p.1, 1971.

Chacaltaya emulsion chamber experiment. *Prog. Theor. Phys., Suppl.*, n.47, p.1-125, 1971.

Chacaltaya emulsion chamber experiment. Part 1: nuclear inter-actions in emulsion chamber. Conference Papers. v.7, HE 44, p.2786, 1971. In: INTERNATIONAL COSMIC-RAY CONFERENCE, XII, ago. 1971, Hobart. *Proceedings...*, v.7, HE 44, p.2786.

Chacaltaya emulsion chamber experiment. Part II: atmospheric in-teractions. In: INTERNATIONAL COSMIC-RAY CONFER-ENCE, XII, 1971, Hobart. *Proceedings...*, v.7, HE 43, p.2781.

Chacaltaya emulsion chamber experiment. Part III: large air shower event "Andromeda". In: INTERNATIONAL COSMIC-RAY CONFERENCE, XII, 1971, Hobart. *Proceedings...*, v.7, HE 42, p.2775.

Characteristics of multiple production of mesons around 100 TeV from Chacaltaya cosmic-ray experiment. In: INTERNATIONAL CONFERENCE ON HIGH ENERGY PHYSICS – IMPERIAL COLLEGE, jul. 1974, London. *Proceedings...*, "Invited Papers"; também em INTERNATIONAL SYMPOSIUM ON HIGH ENERGY PHENOMENA IN COSMIC-RAYS, nov. 1974, Tokyo. *Proceedings...*

Chirons. In: WORKSHOP ON PROTON-ANTIPROTON COLLID-ER PHYSICS, patrocinado pelo American Institute of Physics, Madison, 1982. *Proceedings...*, n.85, p.500; também em WORK-SHOP ON COSMIC-RAYS INTERACTIONS AND HIGH ENERGY, CBPF, 1982, Rio de Janeiro. *Proceedings...*, p.102.

Chirons and gerninions. In: INTERNATIONAL COSMIC-RAY CONFERENCE, XVII, 1983, Bangalore, India. *Proceedings...*, v.11, HE 5-1, p.77.

Chirons. In: INTERNATIONAL SYMPOSIUM ON COSMIC-RAYS AND PARTICLE PHYSICS, mar. 1984, Tokyo. *Proceedings...*, p.319.

Cosmic-ray nuclear events of 1000-2000 TeV observed in Chacaltaya emulsion chambers. In: INTERNATIONAL COSMIC-RAY CONFERENCE, XX, 1987, Moscow. *Proceedings...*, v.5, p.359.

Detailed analysis of a super-family of visible energy greater than 5000 TeV with centauro characteristics observed in Chacaltaya chamber. In: INTERNATIONAL COSMIC-RAY CONFERENCE, XXII, 1991, Dublin. *Proceedings...*, HE 1.2, 1.3.

Emulsion chamber project of Japan-Brasil Collaboration. In: INTERNATIONAL COSMIC-RAY CONFERENCE, dez. 1963, Jaipur. *Proceedings...*, p.326-45.

Exotic interactions among C-jets and Pb-jets. In: INTERNATIONAL COSMIC-RAY CONFERENCE, XIX, 1985, La Jolla. *Proceedings...*, v.6, p.250.

Extensive air showers observed in the emulsion chamber. In: INTERNATIONAL CONFERENCE ON COSMIC RAYS, IX, set. 1985, London. *Proceedings...*, v.2, EAS 43, p.744-840.

Fireball masses. In: INTERAMERICAN SEMINAR ON COSMIC-RAYS, VI, jul. 1970, La Paz. *Proceedings...*, v.40, p.619-22.

Fire-balls and new particles. INTERNATIONAL COSMIC-RAY CONFERENCE, XIV, ago. 1975, Munich. *Proceedings...*, v.7, HE 5.5, p.2426.

Fire-balls in multiple pion production. *Sup. Prog. Theor. Physics*, n.76, p.1, 1983.

Fire-Balls in Pion Multiple Production. *Prog. Theor. Phys.*, Suppl., n.76, p.1-39, 1983.

Further evidences for new type of nuclear interactions at extremely high energy. In: INTERNATIONAL COSMIC-RAY CONFERENCE, XIV, ago. 1975, Munich. *Proceedings...*, v.3, p.2392.

Gamma ray families observed by Chacaltaya emulsion chambers. In: INTERNATIONAL COSMIC-RAY CONFERENCE, XVII, 1981, Paris. *Proceedings...*, v.11, p.163.

Gamma ray inelasticity k y in emulsion chamber experiments. In: INTERNATIONAL COSMIC RAY CONFERENCE, XXII, 1991, Dublin. *Proceedings...*, HE 1.2.9.

Giant mini-clusters as possible origin of halo phenomena observed in super-families. In: INTERNATIONAL COSMIC--RAY CONFERENCE, XIX, 1985, La Jolla. *Proceedings...*, v.6, p.360.

Hadrons in cosmic-ray families. In: INTERNATIONAL COSMIC--RAY CONFERENCE, XVII, 1981, Paris. *Proceedings...*, v.11, p.159.

High energy shower clusters observed in Chacaltaya two-storey chambers. In: INTERNATIONAL COSMIC-RAY CONFERENCE, XXI, 1990, Adelaide. *Proceedings...*, v.8, p.267.

Investigation of extremely high energy nuclear interaction with large emulsion chambers. In: INTERAMERICAN

SEMINAR ON COSMIC RAYS, 1962, La Paz. *Proceedings...*, v.2, p.33-1 a 33-7.

Large shower clusters and halos in cosmic ray families. In: INTERNATIONAL SYMPOSIUM ON VERY HIGH ENERGY COSMIC RAY INTERACTIONS, VI, 1990, Tarbes. *Proceedings...*

Mini-cluster. In: INTERNATIONAL COSMIC-RAY CONFERENCE, XIX, 1985, La Jolla. *Proceedings...*, v.6, p.356.

Mini-clusters observed in high energy cosmic-ray families. In: INTERNATIONAL COSMIC-RAY CONFERENCE, XX, 1987, Moscow. *Proceedings...*, v.6, p.326.

Multiple meson production in e y > 2x 10 eV region. In: TOPICAL CONFERENCE ON COSMIC-RAYS AND PARTICLE PHYSICS ABOVE 10 TeV, 1978, Delaware. *Proceedings...* Ed. American Institute of Physics, Conference Paper 49, Sect. Particles and Fields Subseries, v.16, p.94. Também em INTERNATIONAL COSMIC-RAY CONFERENCE, XVI, 1979, Kyoto. *Proceedings...*, v.6, HE 3.48, p.362.

Multiple production of mesons in cosmic-ray high energy nuclear interactions. In: INTERNATIONAL COSMIC-RAY CONFERENCE, XIII, 1973, Denver. *Proceedings...*, v.3, HE 4, p.2210.

Nature of high energy showers in cosmic-ray families. In: INTERNATIONAL SYMPOSIUM ON VERY HIGH ENERGY COSMIC-RAY INTERACTIONS, VI, 1990, Tarbes. *Proceedings...*

Nuclear interactions produced in the emulsion chamber. In: INTERNATIONAL CONFERENCE ON COSMIC RAYS, IX, set. 1965, London. *Proceedings...*, v.2, EAS 42, p.878-82.

Observation of centauro species in cosmic ray families. In: INTERNATIONAL SYMPOSIUM ON VERY HIGH ENERGY COSMIC-RAY INTERACTIONS, VI, 1990, Tarbes. *Proceedings...*

Observation of extremely high energy events by emulsion chamber. In: INTERNATIONAL CONFERENCE ON COSMIC-RAYS, 1965. *Proceedings...*, p.835-9.

Observation of extremely high energy nuclear events with emulsion chambers exposed on mt. Chacaltaya. Part 1. *Il Nuovo Cimento*, v.28, n.3, p.614-20, 1963.

Observation of extremely high energy nuclear interactions by means of a huge emulsion chamber at mt. Chacaltaya. *Acta Physica Acad. Sc. Hungaricae*, n.29, Suppl. 3, p.63-80, 1970. In: INTERNATIONAL COSMIC-RAY CONFERENCE, XI, 1969, Budapest. *Proceedings...*, p.63-79.

Observation of extremely high energy nuclear interactions with an emulsion chamber. *Canadian Journal of Physics*, n.56, p.5660-70, 1968.

Observation of genetic relation among new phenomena geminion, chiron and mini-centauro. In: INTERNATIONAL COSMIC-RAY CONFERENCE, XIX, 1985, La Jolla. *Proceedings...*, n.8, p.31.

Observation on extremely high energy nuclear events with emulsion chambers exposed at mt. Chacaltaya. Part II. *Il Nuovo Cimento*, v.33, n.3, p.680-701, 1964.

One more centauro? In: INTERNATIONAL SYMPOSIUM ON VERY HIGH ENERGY COSMIC-RAY INTERACTIONS, V, 1988, Lodz. *Proceedings...*, p.309.

Preliminary results on observation of genetic relations among new phenomena, geminion, chiron and mini-centauro. In: INTERNATIONAL SYMPOSIUM ON COSMIC-RAYS AND PARTICLE PHYSICS, mar. 1984, Tokyo. *Proceedings...*, p.718.

Produção de uma bola de fogo em interações nucleares de energia extremamente alta observadas com câmaras de emulsão. Parte I: c-jatos Parte II: a-jatos. *Anais da Academia Brasileira de Ciências*, n.41, p.490, 1969.

Scaling violation and cosmic ray exotic events. In: INTERNATIONAL COSMIC-RAY CONFERENCE, XXII, 1991, Dublin. *Proceedings...*, HE 1.47.

Scaling violation in the forward region. In: INTERNATIONAL COSMIC-RAY CONFERENCE, XXII, 1991, Dublin. *Proceedings...*, HE 1.46.

Study on huge shower clusters in high energy cosmic ray families. In: INTERNATIONAL COSMIC-RAY CONFERENCE, XX, 1987, Moscow. *Proceedings...*, v.5, p.330.

Study on target interactions in emulsion Chamber. In: INTERNATIONAL COSMIC-RAY CONFERENCE, XVII, 1981, Paris. *Proceedings...*, v.11, p.82.

Two examples of centauro observed in two different energy domains. In: INTERNATIONAL COSMIC-RAY CONFERENCE, XXI, 1990, Adelaide. *Proceedings...*, v.8, p.263.

Ultra high energy cosmic ray families of centauro characteristics. In: INTERNATIONAL COSMIC-RAY CONFERENCE, XXI, 1990, Adelaide. *Proceedings...*, v.8, p.259.

Colaboração Brasil-Japão-URSS-Polônia, Grupo de Pamir

A study of very high energy hadron interactions through observations of cosmic ray families of visible energy greater than 500 TeV (I). In: INTERNATIONAL COSMIC-RAY CONFERENCE, XXIII, 1993, Calgary. *Proceedings...*, v.4, p.116.

A study of very high energy hadron interactions through observations of cosmic ray families of visible energy greater than 500 TeV (II). In: INTERNATIONAL COSMIC-RAY CONFERENCE, XXIII, 1993, Calgary. *Proceedings...*, v.4, p.120.

A study of very high energy hadron interactions through observations of cosmic ray families of visible energy greater than 500 TeV (III). In: INTERNATIONAL COSMIC-RAY CONFERENCE, XXIII, 1993, Calgary. *Proceedings...*, v.4, p.124.

A systematic search of a high energy cosmic-ray families of exotic nature in joint chamber at Pamir. In: INTERNATIONAL COSMIC-RAY CONFERENCE, XX, 1987, Moscow. *Proceedings...*, v.5, p.334.

Characteristics of hadronic interactions over 10 eV observed in high energy cosmic-ray families in Chacaltaya and Pamir emulsion chambers-I. In: INTERNATIONAL COSMIC--RAY CONFERENCE, XXII, 1991, Dublin. *Proceedings...*, HE 1.2, p.10.

Characteristics of hadronic interactions over 10 eV observed in high energy cosmic-ray families in Chacaltaya and Pamir emulsion chambers-II. In: INTERNATIONAL COSMIC--RAY CONFERENCE, XXII, 1991, Dublin. *Proceedings...*, HE 1.2, p.11.

High energy cosmic ray families and simulation calculations (I). In: INTERNATIONAL SYMPOSIUM ON VERY HIGH ENERGY COSMIC-RAY INTERACTIONS, VI, 1990, Tarbes. *Proceedings...*

High energy cosmic-ray families and simulations calculations (II). In: INTERNATIONAL SYMPOSIUM ON VERY HIGH ENERGY COSMIC-RAY INTERACTIONS, VI, 1990, Tarbes. *Proceedings...*

High energy showers in cosmic ray families observed in Pamir joint chambers. In: INTERNATIONAL COSMIC-RAY CONFERENCE, XXI, 1990, Adelaide. *Proceedings...*, V.8, p.157.

Observation of a high energy cosmic-ray family caused by centauro--type nuclear interaction in joint emulsion chamber experiment at Pamir. *Physics Letters*, B. 190, p.226, 1987.

Observation of very high energy cosmic ray families in emulsion chambers at high mountain altitudes (I). Colaboração Pamir e Chacaltaya. *Nucl. Phys. B.*, v.370, p.365-431, 1992.

Penetrative characteristics of extremely high energy halos and shower clusters in Pamir joint chambers. In: INTERNATIONAL COSMIC-RAY CONFERENCE, XXI, 1990, Adelaide. *Proceedings...*, v.8, p.243.

Small p-t characteristics of particle production seen in high energy shower clusters in emulsion chambers at Pamir and Chacaltaya. In: INTERNATIONAL COSMIC-RAY CONFERENCE, XXI, ago. 1991, Dublin. *Proceedings...*, HE 1.2.

Super-families with huge halo observed in Pamir joint chamber. In: INTERNATIONAL COSMIC-RAY CONFERENCE, XX, 1987, Moscow. *Proceedings...*, v.5, p.383.

Colaboração Brasil-Japão-URSS, Grupo de Monte Fuji e Grupo de Pamir

Nuclear Interactions of Super High Energy Cosmic Rays Observed by Mountain Emulsion Chambers. *Nuclear. Physics. B.*, v.191, p.1, 1981.

Colaboração do Pamir, Monte Fuji e Chacaltaya

Nuclear Interactions of Super High Energy Cosmic Rays Observed by Mountain Emulsion Chambers. *Nucl. Phys. B.*, v.191, p.1-25, 1981.

Colaboração Pamir e Chacaltaya

Observation of a High-Energy Cosmic Ray Family caused by a Centauro-Type Nuclear Interaction in the Joint Emulsion Chamber experiment at the Pamir. *Phys. Lett. B.*, v.190, n.1, 2, p.226-33, 1987.

Colaboração Brasil-Japão-URSS

About a recently detected hadron-rich event. In: INTERNA-TIONAL COSMIC-RAY CONFERENCE, XX, 1987, Moscow. *Proceedings...*, v.5, p.325.

SOBRE O LIVRO

Formato: 11 x 18 cm
Tipologia: Goudy 10.5 / Helvetica Neue Medium 8.5
Papel: Offset 75 g/m^2 (miolo)
        Cartão Supremo 250 g/m^2 capa)
1ª edição: 2001

CRÉDITOS DAS FOTOS

Fotos 1, 2, 3, 12, 13, 14, 15 – acervo da família Lattes
Foto 4 – arquivo de José Leite Lopes
Foto 5 – acervo CBPF
Fotos 6, 7, 8, 9, 10, 11 – Cássio Leite Vieira
Foto 16 – acervo do Observatório Nacional
Foto 17 – acervo da Revista *Manchete*

EQUIPE DE REALIZAÇÃO

Produção Gráfica
Edson Francisco dos Santos (Assistente)
Edição de Texto
Nelson Luis Barbosa (Assistente Editorial)
Armando Olivetti (Preparação de Original)
Solange Scatollini Felix e Ana Luiza França (Revisão)
Capa, Projeto Gráfico e Editoração
Mari Pini e Betina Hakim